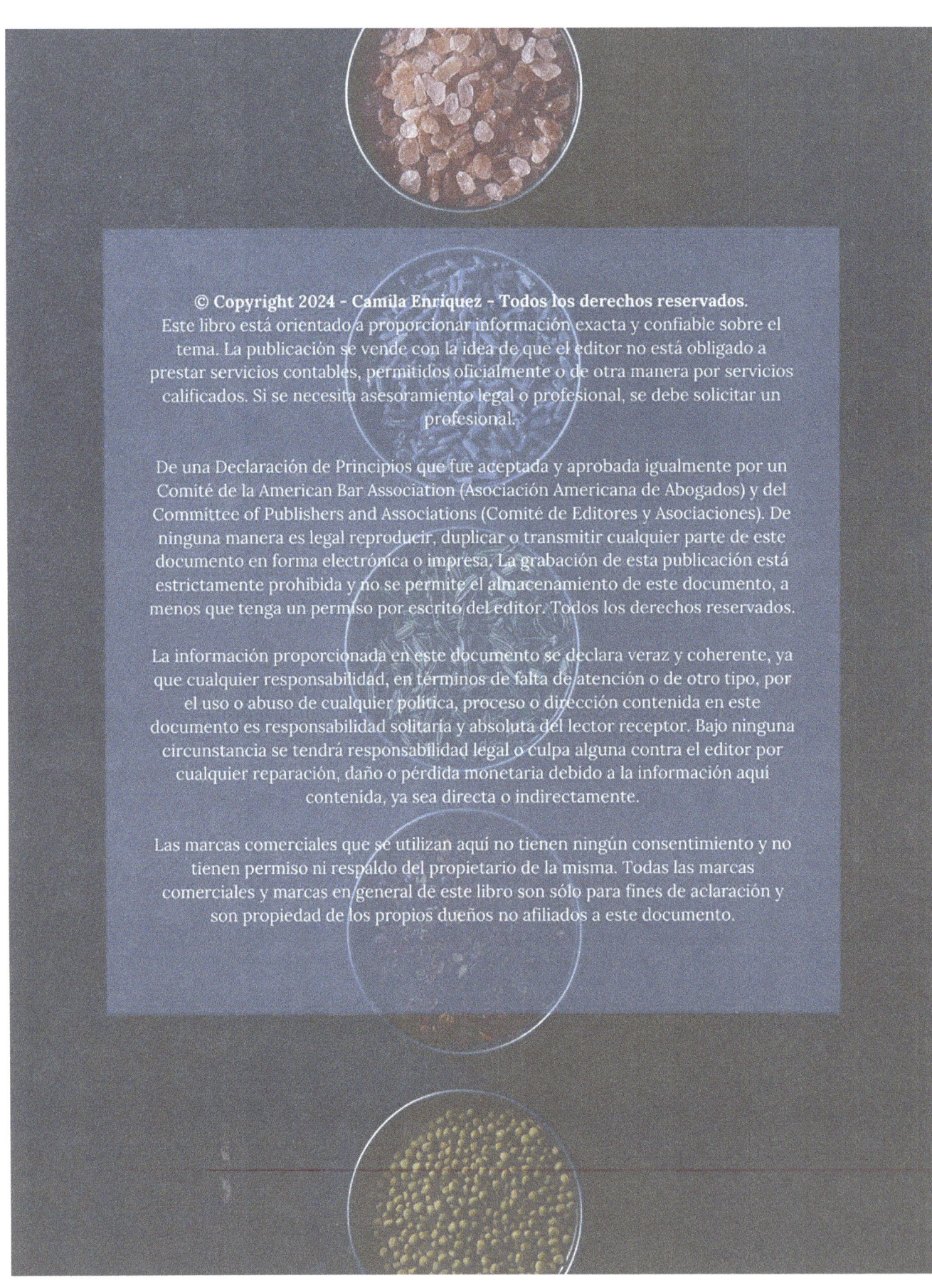

© Copyright 2024 - Camila Enriquez - Todos los derechos reservados.

Este libro está orientado a proporcionar información exacta y confiable sobre el tema. La publicación se vende con la idea de que el editor no está obligado a prestar servicios contables, permitidos oficialmente o de otra manera por servicios calificados. Si se necesita asesoramiento legal o profesional, se debe solicitar un profesional.

De una Declaración de Principios que fue aceptada y aprobada igualmente por un Comité de la American Bar Association (Asociación Americana de Abogados) y del Committee of Publishers and Associations (Comité de Editores y Asociaciones). De ninguna manera es legal reproducir, duplicar o transmitir cualquier parte de este documento en forma electrónica o impresa. La grabación de esta publicación está estrictamente prohibida y no se permite el almacenamiento de este documento, a menos que tenga un permiso por escrito del editor. Todos los derechos reservados.

La información proporcionada en este documento se declara veraz y coherente, ya que cualquier responsabilidad, en términos de falta de atención o de otro tipo, por el uso o abuso de cualquier política, proceso o dirección contenida en este documento es responsabilidad solitaria y absoluta del lector receptor. Bajo ninguna circunstancia se tendrá responsabilidad legal o culpa alguna contra el editor por cualquier reparación, daño o pérdida monetaria debido a la información aquí contenida, ya sea directa o indirectamente.

Las marcas comerciales que se utilizan aquí no tienen ningún consentimiento y no tienen permiso ni respaldo del propietario de la misma. Todas las marcas comerciales y marcas en general de este libro son sólo para fines de aclaración y son propiedad de los propios dueños no afiliados a este documento.

ÍNDICE DE CONTENIDOS

Cómo funciona la freidora de aire 8
Pros y contras de la freidora de aire 9
Consejos y errores a evitar 12
7 Consejos para una limpieza perfecta 13
8 Errores que no se deben cometer 15

ENTRANTES Y APERITIVOS 17

Albóndigas de calabaza y ricotta 18
Panecillos salados con jamón cocido y queso 19
Flanes de huevo y bacon 20
Croquetas de patata con mortadela 21
Aros de cebolla fritos 22
Mozzarella en carrozza 23
Pinchos de patatas y salchichas 24
Tortilla de brócoli 25
Chips de pollo 26
Buñuelos de calabacín 27
Bocadillos rústicos con jamón cocido y queso mozzarella 28
Magdalenas saladas con parmesano y speck 29
Gachas de garbanzos 30
Hojaldre con salchichas 32
Champiñones Portobello gratinados 33
Chuletas de calabaza 34
Garbanzos crujientes con pimentón y romero 35
Nube de huevo 36
Bocaditos de mozzarella fritta 37
Croquetas de arroz rellenas 38
Rollo de bacon, champiñones y queso fontina 39
Panecillos rústicos con jamón y mozzarella 40
Tomates rellenos de huevo 41
Hojaldre de espinacas y ricotta 42
Escalopines de berenjena 43
Bolitas de queso ricotta fritas 44
Albóndigas de ricotta y brécol 45
Rollitos de bacon y queso en pasta filo 46
Magdalenas saladas con tomates cherry y calabacines 47
Chips de col rizada 48
Huevos gratinados con parmesano 49
Tortilla de patatas 50
Palitos de polenta fritos 51
Pizza de patata 52
Mezcla para pizzetas en freidora de aire 53
Panzerotto de queso 54

- Croquetas de minestrone 55
- Panettone salado sin levadura 56
- Croissants salados con calabacines jamón cocido y queso 57
- Triángulos de pasta filo rellenos de verduras 58
- Crostini con salchicha y queso provolone 59

PLATOS PRINCIPALES 60

- Hamburguesa rellena de queso 61
- Rollitos de berenjena rellenos de pizzaiola 62
- Berenjenas rellenas 63
- Muslos de pollo dorados al romero 64
- Albóndigas de calabacín y queso ricotta (sin huevo) 65
- Flores de calabacín rellenas de ricotta y jamón 66
- Albóndigas rellenas de queso 67
- Costillas de cerdo 68
- Alitas de pollo con pimentón ahumado 69
- Paquetitos de calabacín con un relleno suave 70
- Tarta salada de calabaza con mozzarella y queso parmesano 71
- Pizzas de berenjena 72
- Tiras de pollo con copos de maiz 73
- Media luna de carne rellena 74
- Lasaña de calabaza y salchicha 75
- Flanes de patata, jamón y queso scamorza 76
- Berenjenas en acordeon con tomate, queso y jamón 77
- Dados de queso feta al estilo mediterráneo 78
- Chuletas con salsa barbacoa 79
- Chuletas rellenas de jamón cocido y queso 80
- Hamburguesa de Portobello champiñones 81
- Gallo asado en freidora de aire 82
- Pimientos rellenos de carne picada 83
- Tarta salada de queso 84
- Bolas de arroz con jamón y queso mozzarella 85
- Chuleta de pollo asada 86
- Capocollo marinado 87
- Tortilla con flores de calabacín 88
- Brochetas de carne con verduras 89
- Rollitos de pollo con bacon enrollado 90
- Chuletas de ternera al romero 91
- Chuletas de cordero en freidora de aire 92
- Muslitos de pollo al limón 93
- Alitas de pollo fritas 94
- Trozos de salchicha con patatas y calabacines 95
- Cordon bleu de berenjena 96
- Codillo de cerdo con cebolla 97
- Pastel de carne relleno en freidora de aire 98
- Magret de pato a la naranja 99

PLATOS PRINCIPALES DE PESCADO 100

- Calamares fritos 101

- Tentáculos de calamar gratinados 102
- Brochetas de gambas gratinadas con limón 103
- Gambas en freidora 105
- Filete de pez espada empanado al estilo mediterráneo 106
- Boquerones fritos 107
- Mejillones gratinados 108
- Atún en costra de semillas de amapola 109
- Dorada en freidora de aire 110
- Gambas fritas con sal y pimienta 111
- Bocaditos de pez espada gratinados 112
- Salmón con costra de pistachos 114
- Brochetas de salmón calabacín y tomates cherry 115
- Brochetas de pez espada y calabacín 116
- Croquetas de calabacín y patata rellenas de atún 117
- Lubina al horno 118
- Bacalao empanado y frito 119
- Sepia gratinada con limón 120
- Albóndigas de atún 121
- Nuggets de bacalao frito 122
- Sepia rellena 123
- Gambas en freidora 124
- Brochetas de gambas y calabacín 125
- Mejillones gratinados 126

GUARNICIÓN DE VERDURAS 127

- Verduras en dados 128
- Coles de Bruselas gratinadas 129
- Berenjenas al horno 130
- Patatas en rodajas con bacon y romero 131
- Patatas con ajo, aceite y guindilla 133
- Patatas fritas 134
- Alcachofas gratinadas 135
- Patatas Hasselback 136
- Chalotes gratinados 137
- Pimientos gratinados 139
- Palitos de boniato 140
- Espárragos envueltos en jamón 141
- Pastel de espinacas y patatas 142
- Calabaza frita 143
- Albondigas de coliflor 144
- Rosti de patata 145
- Brochetas de verduras mixtas 146
- Champiñones empanados y fritos 147
- Chips de calabacín 148
- Palitos de verduras fritas 149
- Tomates gratinados con hierbas 150
- Dados de berenjena con tomates cherry y cebolla tropea 151
- Patatas fritas en freidora de aire 152
- Pimientos asados 153

- Milhojas de patata con queso parmesano y bacon 154
- Espárragos gratinados 155
- Hinojo gratinado con parmesano 156
- Chips de zanahoria 157
- Tomates cherry confitados 158
- Coliflores en freidora de aire 159
- Alcachofas asadas 160
- Coliflor y bechamel 161
- Friggitelli en freidora de aire 162
- Chips de remolacha 163
- Chips de brécol 164
- Mazorca de maíz asada 166
- Patatas fritas con queso 167

POSTRES 168

- Pudin ligero de limón 169
- Chips de manzana 170
- Galletas de chocolate sin mantequilla 171
- Ciambellone con ricotta y chocolate 173
- Raviolis dulces con ricotta y limón 174
- Buñuelos de manzana 176
- Pastel de chocolate con un corazón suave 177
- Magdalenas con pepitas de chocolate 178
- Brownie de chocolate negro 180
- Croissants de chocolate 181
- Espirales de canela 182
- Tarta dietética de manzana con claras de huevo 184
- Tarta de manzana y yogur griego 185
- Castañas en freidora de aire 186
- Peras cocidas con pasas sultanas, sirope de arce y canela 187
- Bizcocho de yogur 188
- Manzanas cocidas y caramelizadas 189
- Magdalenas rellenas de crema de avellanas 190
- Triángulos de masa filo de doble chocolate 191
- Tarta ligera de chocolate 192
- Magdalenas de cítricos 193
- Pastel de trigo sarraceno con bayas 194
- Puffs de mermelada 195
- Tarta de mermelada 196
- Galletas integrales 197
- Galletas de agua integrales 198
- Tortitas con pasas sultanas 199
- Galletas con pepitas de chocolate 201

CONCLUSIÓN 202
RECETAS POR ORDEN ALFABÉTICO 204

Cómo funciona la freidora de aire

La freidora de aire es similar a un pequeño horno ventilado, con la ventaja de que puedes colocarla donde quieras sin preocuparte por el espacio, ya que ocupa muy poco.
La cocción se produce mediante la circulación de aire caliente en el interior de la cesta, lo que permite que los alimentos se cocinen uniformemente.

A diferencia de la fritura tradicional, la freidora de aire permite cocinar con muy poco aceite (o sin nada de aceite), sin sacrificar, por supuesto, el crujiente y el sabor de los alimentos fritos. Se calcula que, de media, la freidora de aire reduce el uso de grasa en la cocina hasta en un 90%, lo que es estupendo para quienes no quieren renunciar a freír sin pasarse.

Una cosa es cierta, este nuevo aparato permite reducir el aporte calórico de los alimentos en comparación con la fritura tradicional.

¿MERECE REALMENTE LA PENA COMPRARLO?

La freidora de aire está especialmente recomendada para quienes desean limitar su consumo de grasas sin renunciar al sabor. Otro punto a su favor es que no emite olores desagradables que circularán por toda la casa como la freidora de aceite, y no tendrás que preocuparte por el aceite usado para desechar. Por último, te resultará mucho más fácil y rápido de limpiar, ya que casi todos los modelos permiten lavar los componentes en el lavavajillas, lo que te facilitará el trabajo.

Pros y contras de la freidora de aire

PRO

UNA COCCIÓN MÁS RÁPIDA Y EFICAZ:

Sí, gracias a la freidora de aire, los tiempos de cocción se reducen a la mitad en comparación con los clásicos hornos estáticos y ventilados. Esto se debe a que tiene menos espacio, por lo que la temperatura se alcanza inmediatamente y el aire caliente permanece en circulación sin dispersarse.
Además, la freidora de aire también es mejor que el horno en términos de consumo de energía. No necesita mucha energía ni tiempo para calentar y cocinar los alimentos. Comprar una freidora de aire es una opción muy inteligente si quieres ahorrar un poco en la factura de la luz.

COMIDAS MÁS SANAS:

Es bien sabido que la freidora de aire no necesita grandes cantidades de aceite y grasa para cocinar los alimentos. Esto le permitirá reducir drásticamente las calorías innecesarias procedentes de la adición excesiva de aceite. De hecho, basta con utilizar atomizadores para pulverizar unas gotas de aceite de oliva virgen extra. Gracias a este método de cocción, obtendrá alimentos mucho más ligeros y sanos para usted y sus hijos.

VERSATILIDAD:

La freidora de aire puede convertirse en tu mejor aliada en la cocina. De hecho, es un aparato extremadamente versátil, que permite freír, calentar, descongelar, hornear, asar, cocinar al vapor. Puede cocinar todo tipo de alimentos en su interior, desde las clásicas patatas fritas, hasta pechuga de pollo, perritos calientes, filetes, pescado, gambas, verduras de todo tipo y de todas las formas posibles. En resumen, puedes hacer cualquier cosa con él, sólo tienes que cogerle el truco al principio, y luego podrás divertirte con él.

FÁCIL DE USAR:

Casi todos los modelos son muy fáciles de usar, sólo tienes que ajustar los grados y la hora, ¡y ya lo hace todo! Todo lo que tiene que hacer es girar la comida y sacarla cuando esté lista. Incluso puedes enseñar a tus hijos a utilizarlo para preparar almuerzos o meriendas rápidas después del colegio.

ESPACIADORA:

Otra ventaja de la freidora de aire es su tamaño. De hecho, en comparación con los hornos, estufas y freidoras convencionales, ocupa mucho menos espacio y, además, es muy ligero y cómodo de transportar cuando se necesita. Son supercompactos, lo que los hace ideales para cocinas pequeñas, rincones incómodos para cocinar o incluso para llevarlos en una autocaravana.

CONTRAS

PROBLEMAS DE CALIDAD:

La mayoría de los componentes son de plástico, lo que los hace muy baratos, pero el inconveniente es la calidad y su durabilidad. De hecho, las freidoras de aire no son aparatos robustos y duraderos, tarde o temprano también sufrirán problemas. Apuntar a marcas conocidas y establecidas puede ayudarte a tener menos problemas, de hecho, al comprar una freidora de aire siempre es bueno evaluar la marca y su calidad, lo que te ahorras en la compra lo puedes gastar después en mantenimiento.

INADECUADO PARA FAMILIAS NUMEROSAS:

Aunque te permite reducir tiempo y consumo, el reducido espacio te penaliza a la hora de preparar para muchas personas. Se verá obligado a cocinar más o a utilizar otro aparato para acelerar la preparación. De hecho, la mayoría de las freidoras de aire permiten la preparación para 1-4 personas y no más.
Por lo tanto, la freidora de aire es ideal para familias pequeñas, solteros y parejas.

SABOR:

Si eres un verdadero amante de las freidoras, una desventaja que encontrarás es la diferencia entre las dos frituras. Para ciertos alimentos, la fritura al aire no da el mismo sabor que la fritura tradicional en aceite. Pero la mayoría de la gente está más que satisfecha con su compra. Se sorprenden al descubrir que pueden seguir preparando frituras crujientes sin preocuparse por el exceso de calorías o de alimentos poco saludables.
Dicho esto, sigue habiendo una minoría de personas que prefieren la fritura clásica a la fritura al aire, pero ¿dónde está el problema? Cada cual es libre de elegir a su gusto.

LOS ALIMENTOS SE QUEMAN CON FACILIDAD:

Si omite por completo el aceite al cocinar, puede correr el riesgo de quemar ciertos alimentos con mucha facilidad. Si bien es cierto que la freidora de aire cocina sin aceite, ¡también lo es que depende del alimento! De hecho, algunos alimentos siguen necesitando una cantidad mínima de aceite para una cocción óptima. No olvide vigilar la cocción, sobre todo si es la primera vez.

Consejos y errores a evitar

TIEMPOS DE COCCIÓN:

La cocción de los alimentos no es igual en todos los modelos de freidoras de aire, lo que significa que, sobre todo las primeras veces, tendrás que prestar atención y vigilar más de cerca la cocción, porque los tiempos pueden variar ligeramente según el modelo, dependiendo del tamaño de tu cajón y de otros factores.
Es mejor comprobar la cesta una vez más y verificar que la cocción se está realizando correctamente, que una vez menos y arriesgarse a quemar los alimentos y comprometer la receta.

ALFOMBRILLAS PARA CESTAS:

Existen en el mercado tapetes de silicona antiadherente que se colocan directamente sobre la base de la cesta, están perforados para permitir una cocción uniforme, son lavables y le permitirán limitar el uso de papel de horno, además de reducir la suciedad en la cesta durante la cocción.
Puede plantearse comprar uno que le ayude con la limpieza de la freidora de aire, ya que sólo tiene que sacarlo, lavarlo y volver a colocarlo en su sitio tantas veces como quiera.

TÉCNICA CULINARIA DEL "PINCHO":

Una técnica no tan conocida que le ahorrará espacio pero sobre todo tiempo a la hora de preparar sus recetas es la técnica del "pincho".
Te permitirá tardar mucho menos tiempo a la hora de cocinar berenjenas, patatas o todos aquellos alimentos que ocupan mucho espacio y que, por tanto, te obligan a hacer más cocciones para asarlos.
La técnica no es nada mágica; al contrario, basta con cortar en rodajas las patatas, las berenjenas y cualquier otro alimento que se desee y ensartarlas con una brocheta de madera o acero, dejando un espacio mínimo entre cada rodaja. De este modo no llenará toda la cesta con unas pocas rodajas, pero podrá acelerar la cocción de las rodajas. En este libro de cocina se menciona con frecuencia esta técnica y conocerla siempre es una ventaja.
Estoy segura de que este truco acelerará la cocción de muchos alimentos.

PERSONALIZAR LOS PLATOS:

La mayoría de las recetas de este libro de cocina son extremadamente personalizables para adaptarse a sus propios gustos. Así que si prefieres sustituir un tipo de ingrediente por otro similar que te guste más, no dudes en hacerlo.
Eso es lo bueno de cocinar, que puedes personalizar los platos según tus preferencias.

Así que te invito a probar diferentes versiones de cada receta, utilizando distintas combinaciones de sabores, hasta que encuentres la perfecta para ti.

7 Consejos para una limpieza perfecta

LOS MALOS OLORES:

Debes saber que el mejor aliado contra los malos olores que quedan en la freidora de aire es el limón. De hecho, basta con frotar medio limón en la cesta y la superficie del cajón, dejarlo actuar unos 20 minutos y aclarar. Verá que ya no tendrá problemas de malos olores.

SEQUE COMPLETAMENTE LA FREIDORA DE AIRE:

Aunque tenga prisa, debe secar bien la freidora antes de utilizarla. A largo plazo, el uso de la freidora con componentes aún húmedos podría provocar manchas de cal, moho y olores no deseados. Así que dale tiempo para que se seque bien.

APROVECHAR EL LAVAVAJILLAS:

La comodidad de la freidora de aire es que tiene piezas desmontables fáciles de lavar. Casi todos los modelos permiten el lavado en el lavavajillas, así que aprovéchalo para mayor comodidad. Lo importante es eliminar la mayor parte de la suciedad antes de colocarlo. Asegúrate siempre en las instrucciones de que tu modelo lo permite.

NO POSPONGA DEMASIADO LA LIMPIEZA:

Es muy importante limpiar la freidora después de cada uso. En cuanto termines de usarla, desenchúfala, deja que se enfríe y límpiala correctamente. No dejes que las migas, los aceites y las salsas permanezcan allí demasiado tiempo, el cajón y la cesta se convertirán en tu pesadilla para limpiar.

EVITAR LOS PRODUCTOS QUÍMICOS DEMASIADO FUERTES:

En particular, no se recomienda utilizar productos de limpieza demasiado agresivos. Se corre el riesgo de dañar las superficies de los componentes y, sobre todo, de que penetren sustancias químicas en su interior. De hecho, siempre es aconsejable preferir la clásica mezcla de agua tibia y jabón de fregar. De esta forma evitará estropear la carcasa antiadherente de la cesta y el cajón.

NO LO LIMPIE CUANDO ESTÉ DEMASIADO CALIENTE:

Debes saber que uno de los errores más comunes sobre la limpieza es precisamente hacerlo cuando la freidora está todavía muy caliente. Los componentes sometidos a un choque térmico podrían estropearse a largo plazo y afectar al estado de su freidora de aire. Puede facilitar la tarea de limpiar salsas y grasas antes de que se sequen utilizando papel o un paño.

ELIMINAR LAS MANCHAS DE CAL:

Contra las manchas de cal, una forma muy rápida y sencilla es pulverizar una solución de ácido cítrico al 15% (es decir, 150 ml en 1 litro de agua) sobre la zona afectada. Déjalo actuar unos segundos, luego pasa un paño y quedará como nuevo.

8 Errores que no se deben cometer

USO INCORRECTO DE LOS BATEADORES:

Por desgracia, la freidora de aire es completamente diferente de la tradicional, y no se puede utilizar de la misma manera. Las recetas que requieren rebozado, sobre todo si es muy blando, no son aptas para ser cocinadas con la freidora de aire, porque al ser líquido, el rebozado resbalará de su comida.

OMITIR EL PRECALENTAMIENTO:

Al igual que la freidora tradicional y el horno, la freidora de aire también requiere una fase de precalentamiento. Se trata de un proceso esencial para conseguir una cocción óptima, es decir, que el exterior quede bonito y crujiente y el interior jugoso y tierno.

NO LIMPIAR CORRECTAMENTE:

Es muy importante mantener la freidora de aire en las mejores condiciones, empezando por la limpieza. De hecho, si no se limpia correctamente después de cada uso, se corre el riesgo de arruinar el éxito de la receta. Si se dejan migas dentro de la cesta, se quemarán muy fácilmente en el aceite y desprenderán un mal olor que comprometerá el éxito de la receta, lo cual es una pena. Por ello se recomienda limpiarla adecuadamente después de cada uso, compruebe también en el libro de instrucciones si la cesta puede lavarse en el lavavajillas o no.

NO GIRE LOS ALIMENTOS DURANTE LA COCCIÓN:

Para obtener alimentos bien dorados, crujientes y cocinados uniformemente, es muy importante girar los alimentos mientras se cocinan. Esto le permitirá dar el mismo calor y tiempo de cocción a los diferentes lados de los alimentos. Siempre es una buena idea hacer esto al menos una vez a mitad del proceso de cocción, y luego ajustarse según el alimento de que se trate.

LLENANDO DEMASIADO LA CESTA:

Uno de los errores más comunes es llenar demasiado la cesta de la freidora de aire, lo que da como resultado alimentos cocidos al vapor o parcialmente cocidos.
Todos los lados de los alimentos deben recibir la misma circulación de aire para que se doren bien y se cocinen adecuadamente. Es mejor dividir el proceso de cocción en dos que amontonar los alimentos y cocinarlos una sola vez.

NO SEQUE LOS ALIMENTOS ANTES DE COCINARLOS:

Poner comida húmeda o peor aún mojada en una freidora de aire es otro error común, sólo creará mucha humedad en la circulación del aire. El resultado es una comida que no es ni crujiente ni sabrosa. Por ello, es aconsejable secar siempre los alimentos con papel de cocina absorbente antes de cocinarlos.

UTILIZAR ACEITE INNECESARIO:

Una forma de aumentar mucho las calorías de los alimentos es añadir aceite cuando no es necesario. Todos los alimentos congelados y preenvasados, como las croquetas, las patatas fritas y muchos otros, ya contienen aceite, por lo que no es necesario añadir más aceite al cocinar. Sólo en caso de que prepare patatas fritas, croquetas o chuletas frescas con su propio pan rallado se recomienda añadir un poco.

COLOCAR INCORRECTAMENTE LA FREIDORA DE AIRE:

Al ser un electrodoméstico, como todos los demás necesitan espacio a su alrededor para permitir una mejor circulación del aire y ventilación. Por lo tanto, es conveniente colocar la freidora de aire en un estante estable, bien protegido de fuentes de calor externas y con espacio suficiente.

ENTRANTES Y APERITIVOS

Entrantes y Aperitivos

Albóndigas de calabaza y ricotta

TIEMPO DE PREPARACIÓN
15 Minutos

TEMPO DI COCCION
12 Minutos

PORCIONES
4 Raciones

VALORES NUTRICIONALES POR RACIÓN
225 kcal
17 g carbohidratos
10 g proteínas
14 g grasa

Ingredientes

500 g de calabaza cocida
150 g de requesón
60 g de queso Scamorza
2 cucharadas de queso parmesano rallado
3 cucharadas de pan rallado
al gusto Pan rallado para el empanado
al gusto sal fina
al gusto Hierbas aromáticas (a su gusto)
al gusto Aceite de oliva virgen extra

Procedimiento

Machaque la calabaza con un tenedor o un pasapurés y, a continuación, mézclela con la ricotta escurrida, el parmesano rallado, 3 cucharadas de pan rallado, una pizca de sal y las hierbas de su elección.

Si la mezcla está demasiado blanda, añadir más pan rallado.

Formar bolas añadiendo un trozo de queso scamorza en el centro y pasarlas por el pan rallado.

Hornear durante unos 12 minutos a 200°, dándoles la vuelta a la mitad.

¡Que aproveche!

Entrantes y Aperitivos

Panecillos salados con jamón cocido y queso

TIEMPO DE PREPARACIÓN
5 Minutos

TEMPO DI COCCION
12 Minutos

PORCIONES
6 Panecillos

VALORES NUTRICIONALES POR RACIÓN
170 kcal
18 g carbohidratos
5 g proteínas
9 g grasa

Ingredientes

1 rollo de hojaldre rectangular
1 huevo
al gusto Jamón cocido
al gusto Queso en lonchas
al gusto Semillas de sésamo

Procedimiento

Desenrollar el hojaldre y rellenarlo con jamón cocido y lonchas finas de queso, procurando cubrir toda la superficie.

Enrollar suavemente el hojaldre por el lado largo y cortarlo con un grosor de unos 3 cm.

Colóquelo horizontalmente en la cesta forrada con papel de horno.

Pincelar la superficie con el huevo batido y salado. A continuación, espolvorear la superficie de las empanadillas con semillas de sésamo.

Hornéelos durante unos 12 minutos a 180°.

Si los colocas pegados, pueden tardar más en hornearse, así que revísalos antes de servir.

¡Que aproveche!

Entrantes y Aperitivos

Flanes de huevo y bacon

TIEMPO DE PREPARACIÓN
5 Minutos

TEMPO DI COCCION
7 Minutos

PORCIONES
2 Raciones

VALORES NUTRICIONALES POR RACIÓN
148 kcal
0 g carbohidratos
11 g proteínas
12 g grasa

Ingredientes

2 Huevos
4 lonchas de bacon
al gusto Sal fina
al gusto Pimienta negra

Nota:
Para esta receta necesitará moldes de aluminio o silicona adecuados para la freidora de aire.

Procedimiento

Precaliente la freidora de aire a 180° y, mientras tanto, coloque 2 lonchas de beicon en cada cazuelita de aluminio en forma de cruz o enrolladas por los lados.

Se cuecen unos minutos en la freidora para que no se tuesten, se les echa el huevo, se sazonan con sal y pimienta y se vuelven a meter en la freidora durante unos 7 minutos hasta que estén bien hechos.

Compruebe el tiempo de cocción de vez en cuando y, según sus preferencias, alargue o reduzca el tiempo de cocción del huevo.

¡Que aproveche!

Entrantes y Aperitivos

Croquetas de patata con mortadela

TIEMPO DE PREPARACIÓN
30 Minutos

TEMPO DI COCCION
15 Minutos

PORCIONES
4 Raciones

VALORES NUTRICIONALES POR RACIÓN
346 kcal
33 g carbohidratos
17 g proteínas
15 g grasa

Ingredientes

300 g Patatas
100 g Mortadela
100 Pan rallado
2 Huevos
75 g de queso parmesano rallado
al gusto Sal fina
al gusto Pimienta negra

Procedimiento

Cocer las patatas en agua con sal hasta que estén totalmente cocidas. Picar la mortadela con una batidora o finamente con un cuchillo. Una vez cocidas las patatas, tritúralas con un pasapurés.

En un bol, mezclar el puré de patatas caliente, 1 huevo, 25 g de queso parmesano y una pizca de sal. Mezclar hasta que todos los ingredientes estén combinados.

Tomando un poco de la masa cada vez, formar croquetas con las manos.
Déjelos reposar en el frigorífico durante 10 minutos.
Mientras tanto, añadir el pan rallado y el queso parmesano. A continuación, pasar las croquetas por huevo batido y luego por el pan rallado con parmesano.

Hornear unos 15 minutos a 200°, dándoles la vuelta a la mitad, hasta que se doren.
¡Que aproveche!

Entrantes y Aperitivos

Aros de cebolla fritos

TIEMPO DE PREPARACIÓN
10 Minutos

TEMPO DI COCCION
10 Minutos

PORCIONES
3 Raciones

VALORES NUTRICIONALES POR RACIÓN
67 kcal
5 g carbohidratos
3 g proteínas
5 g grasa

Ingredientes

1 cebolla grande
4 Huevos
al gusto Migas de pan
al gusto Sal fina
al gusto Ajo en polvo
al gusto Pimienta negra
al gusto Aceite de oliva virgen extra

Procedimiento

Cortar las cebollas en rodajas de aproximadamente 1 cm de grosor, separando cada aro individual de los demás.

Batir los huevos en un bol con sal, pimienta y ajo en polvo. Pasar cada aro de cebolla primero por el huevo, luego por el pan rallado, después otra vez por el huevo y de nuevo por el pan rallado.

Repita este paso hasta completar todos los anillos. Colóquelos de pocos en pocos sin superponerlos en la cesta, engráselos con aceite en spray o con un pulverizador.

Hornear durante 10 minutos a 200°, dándoles la vuelta a la mitad. Disfrute de los aros de cebolla mientras aún están calientes y crujientes.

¡Que aproveche!

Entrantes y Aperitivos

Mozzarella en carrozza

TIEMPO DE PREPARACIÓN
10 Minutos

TEMPO DI COCCION
10 Minutos

PORCIONES
4 Raciones

VALORES NUTRICIONALES POR RACIÓN
310 kcal
19 g carbohidratos
21 g proteínas
14 g grasa

Ingredientes

300 g de mozzarella
8 rebanadas de Pancarrè
3 Huevos
al gusto Migas de pan
al gusto sal fina
al gusto aceite de oliva virgen extra

Procedimiento

Cortar la mozzarella en rodajas y dejar escurrir el exceso de leche.

Mientras tanto, bate los huevos con una pizca de sal en un bol y aplasta las lonchas de beicon con un rodillo.

A continuación, coloca 1-2 lonchas de mozzarella sobre una rebanada de pan rallado, pincela el pan con huevo y ciérralo con otra loncha de bacon, presionando bien los bordes.

Pásalo por el huevo y luego por el pan rallado, procurando sellarlo bien. A continuación, colóquelo en la cesta y rocíe unas gotas de aceite evo.

Cocer la mozzarella en carrozza durante 10 minutos a 170°, dándole la vuelta a mitad de cocción.

¡Que aproveche!

Entrantes y Aperitivos

Pinchos de patatas y salchichas

TIEMPO DE PREPARACIÓN
5 Minutos

TEMPO DI COCCION
12 Minutos

PORCIONES
2 Raciones

VALORES NUTRICIONALES POR RACIÓN
385 kcal
18 g carbohidratos
22 g proteínas
27 g grasa

Ingredientes

2 Patatas
1 paquete de salchichas
1 ramita de romero
al gusto Aceite de oliva virgen extra
al gusto Sal fina

Nota:
También necesitará unas brochetas de madera o acero

Procedimiento

Primero pela las patatas y córtalas en rodajas de medio centímetro de grosor, luego remójalas en agua durante unos 10 minutos.

Mientras tanto, cortar las salchichas en trozos de 1 cm de grosor.

A continuación, se secan las patatas con papel absorbente y se sazonan con aceite de oliva, sal fina y romero.

Prepare las brochetas ensartando alternativamente 1 rodaja de patata y 1 rodaja de salchicha, dejando medio cm de espacio entre cada rodaja.

Cocer en una freidora de aire durante unos 12 minutos a 200°.

A sus hijos les encantarán estas sabrosas brochetas.

¡Que aproveche!

Entrantes y Aperitivos

Tortilla de brócoli

TIEMPO DE PREPARACIÓN
12 Minutos

TEMPO DI COCCION
12 Minutos

PORCIONES
4 Raciones

VALORES NUTRICIONALES POR RACIÓN
112 kcal
6 g carbohidratos
9 g proteínas
6 g grasa

Ingredientes

1 brócoli
1 cucharada de pan rallado
1 cucharada de queso parmesano rallado
3 huevos
al gusto sal fina
al gusto Leche

Procedimiento

Cortar el brécol en trozos pequeños, lavarlo y escaldarlo en agua hirviendo con sal.

En cuanto esté listo, déjalo enfriar y mientras tanto mezcla en un bol los huevos, el queso parmesano, el pan rallado, una pizca de sal y un chorrito de leche para que se ablanden.

Por último, añadir el brócoli caliente y mezclar.

Verter todo en un molde con papel de horno y hornear durante 12 minutos a 190° hasta que esté dorado.

¡Que aproveche!

Entrantes y Aperitivos

Chips de pollo

TIEMPO DE PREPARACIÓN
10 Minutos

TEMPO DI COCCION
10 Minutos

PORCIONES
3 Raciones

VALORES NUTRICIONALES POR RACIÓN
130 kcal
2 g carbohidratos
17 g proteínas
7 g grasa

Ingredientes

200 g Lonchas finas de pollo
1 cucharada de aceite de oliva virgen extra
1 huevo
al gusto Migas de pan
al gusto Sal fina

Procedimiento

Cortar el pollo en tiras de unos 5 cm utilizando unas tijeras o aplastándolas con un cortapastas.

A continuación, pasarlas poco a poco por huevo batido con una pizca de sal y luego rebozarlas en pan rallado.

Una vez realizado este paso para todas las rodajas de pollo, cocínelas a 200° durante 10 minutos en la freidora precalentada.

Sirve los chips de pollo con patatas fritas y un poco de salsa de acompañamiento.

¡Que aproveche!

Entrantes y Aperitivos

Buñuelos de calabacín

TIEMPO DE PREPARACIÓN
10 Minutos

TEMPO DI COCCION
15 Minutos

PORCIONES
3 Raciones

VALORES NUTRICIONALES POR RACIÓN
122 kcal
1 g carbohidratos
11 g proteínas
7 g grasa

Ingredientes

2 Calabacines
3 Huevos
3 cucharadas de queso parmesano rallado
al gusto Migas de pan
al gusto Sal fina
al gusto Levadura instantánea para tartas saladas

Procedimiento

Lavar los calabacines, quitarles los extremos y rallarlos con un rallador de agujeros anchos.

Exprimirlos y añadirlos a los huevos batidos, el queso parmesano, un poco de levadura instantánea y sal.

Mezclar y sazonar con pan rallado hasta que esté bien mezclado y no demasiado blando.

Forrar la cesta con papel de horno y colocar en ella las tortitas con una cuchara sin solaparlas.

Hornear durante unos 15 minutos a 200°, dándoles la vuelta a la mitad.
Los tiempos de cocción pueden variar unos minutos dependiendo de la consistencia de las tortitas y del modelo de su freidora de aire.

¡Que aproveche!

Entrantes y Aperitivos

Bocadillos rústicos con jamón cocido y queso mozzarella

TIEMPO DE PREPARACIÓN
40 Minutos

TEMPO DI COCCION
10 Minutos

PORCIONES
6 Raciones

VALORES NUTRICIONALES POR RACIÓN
332 kcal
33 g carbohidratos
15 g proteínas
15 g grasa

Ingredientes

250 g de harina 00
125 ml de leche
1 huevo (pequeño)
40 ml Agua
30 ml Aceite de semillas
15 g Azúcar
3 g de levadura de cerveza seca
150 g de jamón cocido
150 g de mozzarella
1 yema
al gusto Sal fina

Procedimiento

Verter la leche y el huevo entero en un bol, remover, añadir una pizca de sal, agua, aceite de semillas, levadura en polvo, azúcar y mezclar.

Añadir la harina tamizada poco a poco y mezclarlo todo.

Engrasar ligeramente la masa con aceite, colocarla en un bol, taparla y dejarla levar durante media hora.

Dividir la masa en 2 para que sea más fácil de trabajar y extenderla con un rodillo, rellenar la masa colocando lonchas de jamón cocido y mozzarella, cerrarla enrollándola y cortarla en rollos.

Con una brocha de cocina, pincelar la superficie con yema de huevo y hornearlas durante 10 minutos a 160°.

¡Que aproveche!

Entrantes y Aperitivos

Magdalenas saladas con parmesano y speck

TIEMPO DE PREPARACIÓN
10 Minutos

TEMPO DI COCCION
15 Minutos

PORCIONES
3 Raciones

VALORES NUTRICIONALES POR RACIÓN
329 kcal
18 g carbohidratos
19 g proteínas
21 g grasa

Ingredientes

75 g de harina 00
25 ml Leche
25 g de queso parmesano rallado
50 g de Speck
1 huevo (pequeño)
20 ml Aceite de semillas (maíz, girasol, cacahuete)
1/4 sobre de levadura salada instantánea
al gusto Sal fina

Procedimiento

Separar los ingredientes secos de los húmedos. En un bol, mezcle el queso parmesano, la levadura en polvo, la harina y la sal fina. En el otro bol verter el aceite de semillas, la leche y el huevo y mezclar con un batidor. Después de mezclar todos los ingredientes uniformemente, añádalos al bol con los ingredientes secos, incorporándolos con una espátula.

Cortar el bacon en dados muy pequeños y añadirlo a la mezcla, removiendo a continuación para distribuirlo uniformemente. Con un cucharón, vierta la mezcla en los ramequines.

Procure no llegar al borde, pero deje al menos 1 cm. Por último, ralle un poco de queso parmesano y espolvoréelo directamente sobre las magdalenas.
Colocar los ramequines en la cesta y hornear durante unos 12 minutos a 160°, luego hornear durante otros 3 minutos, subiendo la temperatura a 180°.

Compruebe la cocción introduciendo un palillo de madera en el interior, cuando al sacarlo la brocheta permanezca seca, las magdalenas estarán listas.
¡Que aproveche!

Entrantes y Aperitivos

Gachas de garbanzos

TIEMPO DE PREPARACIÓN
5 Minutos + 1 hora de reposo

TEMPO DI COCCION
20 Minutos

PORCIONES
Bandeja de horno de 15 x 10 cm

VALORES NUTRICIONALES POR RACIÓN
257 kcal
34 g carbohidratos
11 g proteínas
12 g grasa

Ingredientes

50 g de harina de garbanzo
150 ml de agua a temperatura ambiente
1 cucharada de aceite de oliva virgen extra
1,5 g de sal fina
1 ramita de romero fresco

Procedimiento

Mezcla la harina de arroz y el agua en un bol y remueve con una batidora para evitar grumos. Añade la ramita de romero entera para darle sabor.

A continuación, cubre el bol con film transparente y déjalo reposar a temperatura ambiente durante al menos 1 hora (puedes prolongar el reposo hasta 10 horas), removiendo de vez en cuando.

Una vez haya reposado, retira la ramita de romero y la espuma que pueda haber en la superficie. Añade el aceite y la sal. Engrasa la bandeja de horno o, si lo prefieres, coloca papel de horno y, a continuación, verte la masa.

Hornea a 230° durante unos 10-15 minutos, luego baja la temperatura a 200° y déjalo durante otros 5 minutos.
El tiempo de cocción puede variar en función de tu freidora de aire. Dale la vuelta a la farinata si es necesario para terminar de dorarla.

¡Que aproveche!

Entrantes y Aperitivos

Hojaldre con salchichas

TIEMPO DE PREPARACIÓN
5 Minutos

TEMPO DI COCCION
7 Minutos

Credit foto: "Sausage roll" by adactio is licensed under CC BY 2.0

PORCIONES
16 Salsichas

VALORES NUTRICIONALES POR RACIÓN
100 kcal
5 g carbohidratos
3 g proteínas
7 g grasa

Ingredientes

1 rollo de hojaldre
1 paquete de salchichas
1 huevo
Semillas de amapola
(opcional)

Procedimiento

Desenrolla suavemente el hojaldre y córtalo con un cortapastas o un cuchillo en 16 triángulos de aproximadamente el mismo tamaño.

Corta los 4 frankfurts en 4 trozos cada uno para tener 16 piezas y coloca cada una en el lado grande de cada triángulo. Enróllalas sellando bien la punta y asegurándote de que esta queda por debajo.

Pincela las superficies con huevo batido o con leche.

Coloca los pretzels en la freidora precalentada a 200° y cocina durante 4 minutos, luego dales la vuelta y espera otros 2 minutos hasta que estén completamente dorados.

¡Que aproveche!

Entrantes y Aperitivos

Champiñones Portobello gratinados

TIEMPO DE PREPARACIÓN
10 Minutos

TEMPO DI COCCION
12 Minutos

Credit foto: "Day 248: Stuffed Portobello Mushrooms" by SodanieChea

PORCIONES
2 Personas

VALORES NUTRICIONALES POR RACIÓN
235 kcal
17 g carbohidratos
9 g proteínas
6 g grasa

Ingredientes

4 champiñones Portobello
4 cucharadas de pan rallado
2 cucharadas de queso parmesano rallado
1 diente de ajo
1 huevo
Perejil al gusto
Aceite de oliva virgen extra al gusto
Sal fina al gusto
Guindilla al gusto

Procedimiento

Limpia bien los champiñones con un paño húmedo y un cepillo de limpieza adecuado, luego corta el tallo y trocéalo.

En un bol, mezcla el tallo previamente picado, el pan rallado, el queso parmesano, el huevo entero, el ajo y el perejil picados, sal y, si lo deseas, un poco de guindilla.

Coloca los champiñones en la cesta y rellénalos con el relleno.

Unta la superficie de los champiñones con unas gotas de aceite de oliva y hornéalo durante unos 12 minutos a 180° hasta que estén completamente gratinados.

Sírvelos calientes.

¡Que aproveche!

Entrantes y Aperitivos

Chuletas de calabaza

TIEMPO DE PREPARACIÓN
10 Minutos

TEMPO DI COCCION
12 Minutos

PORCIONES
2 Personas

VALORES NUTRICIONALES POR RACIÓN
156 kcal
6 g carbohidratos
13 g proteínas
14 g grasa

Ingredientes

300 g de calabaza
50 g de pan rallado
1 huevo
Aceite de oliva virgen extra al gusto
Hierbas aromáticas (al gusto) al gusto
Sal fina al gusto

Procedimiento

Limpia la calabaza y córtala en rodajas no demasiado gruesas, de medio cm aproximadamente.

Bate los huevos y añade una pizca de sal. Pasa las rodajas de calabaza por los huevos y luego por el pan rallado (aromatizado con hierbas picadas al gusto).

Se puede hacer un doble gratinado pasando de nuevo la calabaza por el huevo y luego por el pan rallado.

Hornea durante unos 12 minutos a 200°, dándoles la vuelta a mitad de cocción y continuando hasta que se doren.

¡Que aproveche!

Entrantes y Aperitivos

Garbanzos crujientes con pimentón y romero

TIEMPO DE PREPARACIÓN
5 Minutos

TEMPO DI COCCION
8 Minutos

PORCIONES
1 Lata de garbanzos

VALORES NUTRICIONALES POR RACIÓN
586 kcal
68 g carbohidratos
29 g proteínas
17 g grasa

Ingredientes

1 lata de garbanzos en conserva (400 g)
1 ramita de romero
1 cucharadita de aceite de oliva virgen extra
Pimentón en polvo al gusto
Ajo/cebolla en polvo al gusto
Sal fina al gusto

Procedimiento

Abre los garbanzos enlatados y enjuágalos con agua corriente, luego sécalos con papel absorbente.

Sazona en un bol con pimentón en polvo, cebolla o ajo en polvo según tu preferencia, aceite de oliva, sal fina y agujas de romero.

Colócalas en la cesta de la freidora de aire y cocina durante unos 8 minutos a 200° hasta que se doren.

A mitad de la cocción, remueve rápidamente.

Los garbanzos hechos de esta manera son perfectos para disfrutar como aperitivo o como tentempié delante de una película.

¡Que aproveche!

Entrantes y Aperitivos

Nube de huevo

TIEMPO DE PREPARACIÓN
10 Minutos

TEMPO DI COCCION
10 Minutos

PORCIONES
2 Personas

VALORES NUTRICIONALES POR RACIÓN
65 kcal
0 g carbohidratos
6 g proteínas
4 g grasa

Ingredientes

2 huevos
Aceite de oliva virgen extra al gusto
Sal fina al gusto

Procedimiento

Primero separa suavemente la clara y la yema colocándolas en dos cuencos diferentes con mucho cuidado de no romper la yema.

Bate la clara con una pizca de sal. En cuanto las claras estén montadas, colócalas con la ayuda de una cuchara sobre papel de horno untado con aceite de oliva (muy importante).

Crea un cráter donde luego se colocará la yema, e introduce la clara en la freidora y cocina a 200° durante unos 5-6 minutos (debe estar cocida).

Una vez lista, sácala y añade la yema en el centro sin romperla.

A continuación, continúa la cocción durante otros 5 minutos. Si prefieres la yema totalmente cocida, introdúcela al principio y hornea una sola vez.

¡Que aproveche!

Entrantes y Aperitivos

Bocaditos de mozzarella fritta

TIEMPO DE PREPARACIÓN
5 Minutos

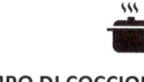

TEMPO DI COCCION
3 Minutos

PORCIONES
3 Personas

VALORES NUTRICIONALES POR RACIÓN
160 kcal
1 g carbohidratos
13 g proteínas
11 g grasa

Credit foto: "Fried Cheese Balls Served With Mayo Sauce" by wuestenigel

Ingredientes

200 g de bolas de mozzarella
1 huevo
Hierbas aromáticas al gusto
Pan rallado al gusto
Harina al gusto
Sal fina al gusto

Procedimiento

Escurre los trozos de mozzarella y pásalos por harina poco a poco, luego por huevo batido y, por último, por una mezcla de pan rallado y hierbas picadas.

Repite la misma operación una vez más para obtener un rebozado de pan rallado supercrujiente.

A continuación, introduce los bocaditos en la freidora de aire precalentada y cocínalos durante unos 3 minutos a 180° hasta que se doren.

Sírvelos aún calientes y fibrosos.

¡Que aproveche!

Entrantes y Aperitivos

Croquetas de arroz rellenas

TIEMPO DE PREPARACIÓN
25 Minutos + 25 de reposo

TEMPO DI COCCION
12 Minutos

PORCIONES
4 Raciones

VALORES NUTRICIONALES POR RACIÓN
390 kcal
40 g carbohidratos
23 g proteínas
17 g grasa

Ingredientes

200 g de arroz Carnaroli
700 ml de caldo de verduras o de carne
40 g de queso parmesano rallado
2 huevos
100 g de jamón cocido
100 g de queso Scamorza (ahumado o dulce)
Mantequilla al gusto
Pimienta negra al gusto
Sal fina al gusto
Pan rallado al gusto

Procedimiento

Primero cuece el arroz en el caldo a fuego lento, dándole vueltas de vez en cuando, durante unos 20 minutos.

En cuanto esté al dente, añade una nuez de mantequilla, queso parmesano y pimienta. A continuación, extiéndelo en una fuente de horno y deja que se enfríe.

Cuando se haya enfriado, coge un poco y haz un hoyuelo en el centro con la mano, añade el jamón y el queso scamorza en trozos pequeños y cierra añadiendo más arroz.

Dales forma de croquetas alargadas con las manos. Pásalas por huevo batido y luego por pan rallado.

Hornéalas unos 12 minutos a 200° hasta que se doren.

¡Que aproveche!

Entrantes y Aperitivos

Rollo de bacon, champiñones y queso fontina

TIEMPO DE PREPARACIÓN
10 Minutos

TEMPO DI COCCION
15 Minutos

PORCIONES
5 Personas

VALORES NUTRICIONALES POR RACIÓN
476 kcal
21 g carbohidratos
27 g proteínas
31 g grasa

Ingredientes

1 rollo de hojaldre
200 g de Speck en lonchas
200 g de queso Fontina en lonchas
500 g de champiñones variados
1 diente de ajo
1 huevo
Queso parmesano rallado al gusto
Sal fina
Perejil al gusto
Aceite de oliva virgen extra al gusto
Semillas de sésamo al gusto

Procedimiento

Si utilizas champiñones frescos, límpialos, trocéalos y cuécelos en una sartén con un diente de ajo, un poco de aceite, perejil picado y una pizca de sal.

Una vez cocidas las setas, escúrre el agua que hayan soltado. Desenrolla el hojaldre, coloca las lonchas de speck en toda la superficie, luego el queso fontina, las setas y el queso parmesano.

Dobla los bordes laterales y enrolla suavemente el hojaldre sobre sí mismo. Pincela la superficie con huevo batido y espolvorea con semillas de sésamo.

Hornea en una freidora de aire a 180° durante unos 15-20 minutos. Dependiendo del tamaño de tu freidora igual tienes que hacer dos panecillos más pequeños.

¡Que aproveche!

Entrantes y Aperitivos

Panecillos rústicos con jamón y mozzarella

TIEMPO DE PREPARACIÓN
40 Minutos

TEMPO DI COCCION
10 Minutos

PORCIONES
6 Personas

VALORES NUTRICIONALES POR RACIÓN
332 kcal
33 g carbohidratos
15 g proteínas
15 g grasa

Ingredientes

250 g de harina
125 ml de leche
1 huevo (pequeño)
40 ml agua
30 ml aceite de semillas
15 g azúcar
3 g de levadura de cerveza seca
150 g de jamón cocido
150 g de mozzarella
1 yema
Sal fina al gusto

Procedimiento

Verte la leche y el huevo entero en un bol, remueve, añade una pizca de sal, el agua, el aceite de semillas, la levadura en polvo, el azúcar y mezcla.

Añade la harina tamizada poco a poco y mézclalo todo.

Engrasa ligeramente la masa con aceite, colócala en un bol, tápala y déjala elevar durante media hora.

Divide la masa en dos para que sea más fácil trabajarla y extenderla con un rodillo, rellena la masa colocando lonchas de jamón cocido y mozzarella, ciérrala enrollándola y corta en rollos.

Con una brocha de cocina, pincela la superficie con yema de huevo y hornéalos durante 10 minutos a 160º.

¡Que aproveche!

Entrantes y Aperitivos

Tomates rellenos de huevo

TIEMPO DE PREPARACIÓN
5 Minutos

TEMPO DI COCCION
18 Minutos

PORCIONES
2 Personas

VALORES NUTRICIONALES POR RACIÓN
139 kcal
2 g carbohidratos
13 g proteínas
9 g grasa

Ingredientes

4 tomates coperos
4 huevos
Ajo en polvo al gusto
Orégano al gusto
Sal fina al gusto

Procedimiento

Lava bien los tomates y ábrelos, cortándoles el capuchón (lo necesitarás más tarde), adaptándolos al relleno.

Vacíalos de su interior y déjalos escurrir boca abajo.

Abre un huevo dentro de cada tomate y sazónalo con ajo en polvo, sal y orégano.

Ahora cierra los tomates, colocando de nuevo la tapa.

Hornéalos durante 10 minutos a 180° y luego retira la tapa y cuécelos otros 8 minutos más o menos.

¡Que aproveche!

Entrantes y Aperitivos

Hojaldre de espinacas y ricotta

TIEMPO DE PREPARACIÓN
15 Minutos

TEMPO DI COCCION
12 Minutos

PORCIONES
1 Panecillos

VALORES NUTRICIONALES TOTALES
1430 kcal
90 g carbohidratos
47 g proteínas
93 g grasa

Ingredientes

1 rollo de hojaldre
125 g de espinacas cocidas (aprox. 250 g crudas)
125 g de queso ricotta de vaca
3 cucharadas de queso parmesano rallado
1 huevo
1 Yema
1 cucharada de leche
Semillas de sésamo (o de amapola) al gusto
Sal al gusto

Procedimiento

Primero prepara el relleno: hierve las espinacas y pícalas, ponlas en un bol y añade la ricotta, el parmesano, una pizca de sal y el huevo entero. Mezcla bien para amalgamar todos los ingredientes, tapa y deja reposar 10 minutos en la nevera.

A continuación desenrolla el hojaldre, coloca el relleno a lo largo del hojaldre y enróllalo con cuidado utilizando la cantidad de hojaldre necesaria hasta que cada rollo se cierre como un canelón.

Haz tantos rollitos como necesites hasta que se acaben los ingredientes.
Bate una yema de huevo con una cucharada de leche y pincela la superficie del rollo, luego espolvoréalo con semillas de amapola o de sésamo.

Hornéa durante unos 12 minutos a 200°, comprobando el tiempo de cocción de vez en cuando.

¡Que aproveche!

Entrantes y Aperitivos

Escalopines de berenjena

TIEMPO DE PREPARACIÓN
10 Minutos

TIEMPO DE COCCIÓN
8 Minutos

PORCIONES
3 Personas

VALORES NUTRICIONALES POR RACIÓN
107 kcal
13 g carbohidratos
5 g proteínas
3 g grasa

Ingredientes

1 berenjena
1 huevo
al gusto Harina
al gusto Pan rallado
al gusto Aceite de oliva virgen extra
al gusto sal fina

Procedimiento

Lavar la berenjena y quitarle los extremos, cortarla longitudinalmente en rodajas de 1 cm de grosor aproximadamente.

Pasarlas por harina, luego por huevo batido, ligeramente salpimentado.

A continuación, rebozarlas en pan rallado. Para obtener un pan rallado más crujiente, puede repetir este paso.

Unte las berenjenas con aceite de oliva utilizando un pincel de cocina o aceite en spray.

Colóquelas en la freidora precalentada a 200° C y cocínelas durante 8 minutos, dándoles la vuelta a la mitad.

¡Que aproveche!

Entrantes y Aperitivos

Bolitas de queso ricotta fritas

TIEMPO DE PREPARACIÓN
5 Minutos

TIEMPO DE COCCIÓN
10 Minutos

PORCIONES
3 Personas

VALORES NUTRICIONALES POR RACIÓN
170 kcal
3 g carbohidratos
9 g proteínas
14 g grasa

Ingredientes

200 g de ricotta de vaca
2 huevos
al gusto Harina de maíz
al gusto Aceite de oliva virgen extra
al gusto Sal fina

Procedimiento

Escurrir el queso ricotta y cortarlo en dados no muy grandes del mismo tamaño.

A continuación, pasar los dados de ricotta por los huevos batidos y salados, y después por la harina de maíz.

Una vez rebozados en harina de maíz, colóquelos en la freidora de aire y rocíelos con aceite evo.

Cocínelos durante 10 minutos a 200°, dándoles la vuelta a mitad de cocción.

Para que se doren mejor puedes pincelar los bocaditos con aceite evo antes de cocinarlos.

¡Que aproveche!

Entrantes y Aperitivos

Albóndigas de ricotta y brécol

TIEMPO DE PREPARACIÓN
12 Minutos

TIEMPO DE COCCIÓN
10 Minutos

PORCIONES
Unas 20 albóndigas

VALORES NUTRICIONALES POR ALBÓNDIGAS
37 kcal
1 g carbohidratos
2 g proteínas
2 g grasa

Ingredientes

1 brócoli
25 g de queso parmesano rallado
220 g de queso ricotta de vaca
1 huevo
al gusto Sal fina
al gusto Pimienta negra
al gusto Pan rallado

Nota:
Necesitarás una batidora de cocina, o puedes picar los ingredientes con un cuchillo.

Procedimiento

Lava el brócoli y quítale los tallos (no los tires, puedes usarlos para los chips de brócoli que aparecen en este libro de cocina).

Separar los ramilletes y picarlos finamente en un robot de cocina, después añadir todos los demás ingredientes excepto el pan rallado.

Debe obtener una mezcla no demasiado blanda, si es necesario añada más parmesano o pan rallado.

A continuación, haga albóndigas con las manos y rebócelas en pan rallado.

Rociar con unas gotas de aceite evo y hornear durante 10 minutos a 200° hasta que estén doradas.

¡Que aproveche!

Entrantes y Aperitivos

Rollitos de bacon y queso en pasta filo

TIEMPO DE PREPARACIÓN
5 Minutos

TIEMPO DE COCCIÓN
10 Minutos

PORCIONES
6 Rollitos

VALORES NUTRICIONALES POR RACIÓN
80 kcal
1 g carbohidratos
5 g proteínas
7 g grasa

Ingredientes

4 hojas de pasta filo
6 lonchas de bacon
60 g de queso (provolone, scamorza, etc.)
1 huevo
al gusto Aceite de oliva virgen extra
al gusto Sal fina
al gusto Pimienta negra

Procedimiento

En primer lugar, colocar dos hojas de pasta filo una encima de la otra y, con ayuda de un pincel de cocina, pincelarlas con un poco de agua.

A continuación, córtalas en 3 partes iguales por el lado más grande.

Rellénelas empezando por la base y coloque 1 loncha de bacon y un trozo de queso de unos 5 cm.

A continuación, dobla las solapas laterales y enrolla la masa hasta el final. Deberás sellarlo con la ayuda del huevo.

Continúa de esta manera hasta que todos los rollos estén listos. Pincélalos con aceite de oliva o utiliza aceite en spray y hornéalos durante 10 minutos a 180°.

¡Que aproveche!

Entrantes y Aperitivos

Magdalenas saladas con tomates cherry y calabacines

TIEMPO DE PREPARACIÓN
10 Minutos

TIEMPO DE COCCIÓN
15 Minutos

PORCIONES
3 Personas

VALORES NUTRICIONALES POR RACIÓN
257 kcal
16 g carbohidratos
13 g proteínas
12 g grasa

Ingredientes

65 g de harina 0
15 g de queso parmesano rallado
1 huevo (pequeño)
1 calabacín (pequeño)
80 g de queso Scamorza ahumado
3 Tomates pequeños
15 ml Aceite de semillas
25 ml Leche
1/4 sobre de levadura en polvo salada
al gusto Sal fina
al gusto Semillas de amapola

Procedimiento

Lavar el calabacín, quitarle los extremos y rallarlo con un rallador de agujeros grandes. Aplástelo con las manos.
En un bol grande, mezclar los ingredientes secos: queso parmesano, harina, levadura en polvo y sal fina. Mezclar bien todos los ingredientes. En otro bol, combinar los ingredientes húmedos: aceite de semillas, huevo y leche. Mézclelos con un batidor o un tenedor. Ahora combine los ingredientes secos y húmedos, mezclando bien todos los ingredientes hasta que la mezcla sea homogénea y esté bien mezclada.

Cortar el queso scamorza en dados y añadirlo junto con los calabacines a la mezcla. Colocar la mezcla en los ramequines, sin llegar al borde. Colocar encima las rodajas de tomate para que se hundan y espolvorear con las semillas de amapola.
Colocar los moldes directamente en el cestillo y hornear unos 12 minutos a 160°, después subir a 180° y hornear otros 3 minutos.
Compruebe la cocción introduciendo un palillo de madera en el interior, cuando al sacar el palillo éste permanezca seco, las magdalenas estarán listas.
¡Que aproveche!

Chips de col rizada

TIEMPO DE PREPARACIÓN
5 Minutos

TIEMPO DE COCCIÓN
4 Minutos

PORCIONES
1 manojo de col

VALORES NUTRICIONALES POR RACIÓN
290 kcal
35 g carbohidratos
18 g proteínas
14 g grasa

Ingredientes

1 manojo de col rizada (500 g)
al gusto Aceite de oliva virgen extra
al gusto Sal fina

Procedimiento

Separar y lavar las hojas de la col rizada, retirar el tallo central y secarlas con papel absorbente o un paño limpio.

Córtelas a una longitud de unos 5 cm, sazónelas pincelándolas con aceite de oliva y una pizca de sal.

Coloque una primera capa de hojas en la cesta y hornee durante 4 minutos a 180°.

Continúe hasta que todas las hojas de col rizada estén cocidas.

Dejarlas enfriar en plano y bien abiertas para que no se humedezcan.

Para evitar que las hojas salgan volando durante la cocción, puedes utilizar una mini rejilla para bloquearlas.

¡Que aproveche!

Entrantes y Aperitivos

Huevos gratinados con parmesano

TIEMPO DE PREPARACIÓN
5 Minutos

TIEMPO DE COCCIÓN
10 Minutos

Credit foto: "Mexican Baked Eggs" by Kitchen Life of a Navy Wife

PORCIONES
6 Personas

VALORES NUTRICIONALES POR RACIÓN
105 kcal
0 g carbohidratos
9 g proteínas
7 g grasa

Ingredientes

6 huevos
6 cucharadas de queso parmesano
al gusto sal fina
al gusto Pimienta negra
al gusto Aceite de oliva virgen extra

Nota:
Necesitarás ramequines de aluminio o silicona

Procedimiento

Engrase bien los ramekines con aceite evo antes de proceder con la receta.

A continuación, abra cada huevo en los moldes y sazónelos con sal, pimienta y copos de queso parmesano o, si lo prefiere, queso parmesano rallado.

Coloque con cuidado los moldes en la cesta de la freidora de aire.

Cueza los huevos durante unos 10 minutos a 170°.
Si prefiere la yema blanda, cuézalos unos minutos menos.

¡Que aproveche!

Entrantes y Aperitivos

Tortilla de patatas

TIEMPO DE PREPARACIÓN
10 Minutos

TIEMPO DE COCCIÓN
30 Minutos

PORCIONES
4 Personas

VALORES NUTRICIONALES POR RACIÓN
190 kcal
18 g carbohidratos
10 g proteínas
9 g grasa

Credit foto: "Tortilla de patatas" by FabianPerezRego

Ingredientes

400 g de patatas
5 huevos
1 cucharada de aceite de oliva virgen extra
1 cebolla
al gusto Sal fina

Procedimiento

Pelar y cortar las patatas en rodajas muy finas, de unos 5 mm de grosor, mientras tanto precalentar la freidora a 180°.

Colocarlas en un molde y sazonarlas con sal y aceite de oliva. Cocerlas a 180° durante unos 25-30 minutos.

A mitad de la cocción, añadir las cebollas cortadas en rodajas finas y continuar la cocción hasta que tanto las cebollas como las patatas estén completamente cocidas.

Añadir ahora los huevos batidos al molde y remover hasta que los ingredientes estén bien mezclados. Hornear otros 8 minutos a 150° hasta que el huevo esté totalmente cocido.

Dejar enfriar unos minutos para que se pueda cortar fácilmente.

¡Que aproveche!

Entrantes y Aperitivos

Palitos de polenta fritos

TIEMPO DE PREPARACIÓN
5 Minutos

TIEMPO DE COCCIÓN
8 Minutos

PORCIONES
2 Personas

VALORES NUTRICIONALES POR RACIÓN
190 kcal
42 g carbohidratos
5 g proteínas
2 g grasa

Credit foto: "Polenta Chips" by jamieanne

Ingredientes

200 g de polenta fría
al gusto Harina de maíz
al gusto Sal fina
al gusto Aceite de oliva virgen extra

Procedimiento

Si ya tiene polenta fría, sáltese este paso.

Prepare la polenta según la receta del paquete, extiéndala con un rodillo y déjela enfriar hasta que esté firme y compacta.

Cortar la polenta en bastones de aproximadamente 1 cm de grosor y pasarlos por harina de maíz.

Engrase ligeramente la superficie con aceite en spray o con un pulverizador y hornee los palitos unos 8-10 minutos a 200°, dándoles la vuelta a mitad de cocción.

Sazónalos con una pizca de sal antes de servir.

¡Que aproveche!

Entrantes y Aperitivos

Pizza de patata

TIEMPO DE PREPARACIÓN
15 Minutos

TIEMPO DE COCCIÓN
25 Minutos

PORCIONES
4 Personas

VALORES NUTRICIONALES POR RACIÓN
115 kcal
22 g carbohidratos
3 g proteínas
2 g grasa

Ingredientes

100 g de harina
175 ml de agua
1 patata
1 ramita de romero
1 cucharadita de sal fina
1 cucharadita de aceite de oliva virgen extra

Procedimiento

Mezclar el agua y el aceite en un bol, añadir la harina tamizada poco a poco, sin dejar de mezclar hasta que la mezcla sea homogénea.

A continuación, añadir la sal y remover. Tapar el bol y dejar reposar durante 10 minutos. Mientras tanto, pelar la patata, cortarla en rodajas finas con una mandolina y remojarla en agua.

Una vez transcurrido el tiempo necesario, engrase una bandeja de horno y vierta la mezcla. Seque las patatas y colóquelas en ella junto con el romero y una pizca de sal. Hornear la masa durante unos 25 minutos a 190°.

Los últimos minutos, asegurándose de que esté totalmente cocida y firme, retírela de la bandeja de horno y colóquela directamente en la cesta.

¡Que aproveche!

Entrantes y Aperitivos

Mezcla para pizzetas en freidora de aire

TIEMPO DE PREPARACIÓN
5 Minutos

TIEMPO DE COCCIÓN
10 Minutos

PORCIONES
3 Personas

VALORES NUTRICIONALES POR RACIÓN
217 kcal
33 g carbohidratos
14 g proteínas
5 g grasa

Ingredientes

1 panecillo base de pizza
al gusto Puré de tomate
al gusto Mozzarella para pizza
al gusto Jamón cocido
al gusto Albahaca fresca
al gusto Frankfurter

Procedimiento

En esta receta haremos 3 versiones de pizzettas, pero puedes utilizar los ingredientes que prefieras.

Desenrolle la base de pizza ya preparada y empiece a cortar pizzetas con la ayuda de un cortapastas de unos 6 cm.

Cuando hayas recortado todas las pizzettas, aderézalas todas con una base de tomate y mozzarella, luego cada una la harás con salchichas picadas, otra con jamón cocido en lonchas y la última versión la harás margarita con albahaca fresca.

Colócalas en la cesta precalentada y hornéalas durante unos 10-12 minutos a 180°.

Vigila el tiempo de cocción para evitar que se quemen.

¡Que aproveche!

Entrantes y Aperitivos

Panzerotto de queso

TIEMPO DE PREPARACIÓN
5 Minutos

TIEMPO DE COCCIÓN
12 Minutos

PORCIONES
4 Personas

VALORES NUTRICIONALES POR RACIÓN
151 kcal
26 g carbohidratos
6 g proteínas
5 g grasa

Ingredientes

1 rollo de masa de pizza
1 huevo
al gusto Lonchas de queso (provola, scamorza, etc.)
al gusto Pan rallado
al gusto Aceite de oliva virgen extra

Procedimiento

Extiende la masa de pizza sobre una superficie de trabajo y empieza a cortar la masa.
Hay que hacer círculos de unos 5 cm de diámetro.

Colocar el queso en lonchas en el interior y cerrarlos, untando un poco de aceite de oliva en los bordes para ayudar a cerrarlos.

Pásalos por huevo y luego por pan rallado.

Colóquelos en la cesta de la freidora de aire y rocíe unas gotas de aceite con un pulverizador o aceite en spray.

Cocerlas durante unos 12 minutos a 180°, dándoles la vuelta a mitad de la cocción y rociándolas con más aceite. Si es necesario, prolongar la cocción hasta que se doren.

Sírvelas calientes para que el queso del interior quede súper fibroso.
¡Que aproveche!

Entrantes y Aperitivos

Croquetas de minestrone

TIEMPO DE PREPARACIÓN
10 Minutos

TIEMPO DE COCCIÓN
8 Minutos

PORCIONES
3 Personas

VALORES NUTRICIONALES POR RACIÓN
106 kcal
14 g carbohidratos
5 g proteínas
5 g grasa

Ingredientes

300 g de Minestrone
20-30 g de pan rallado
20 g de queso parmesano rallado
al gusto Sal fina
al gusto Pimienta negra
al gusto Aceite de oliva virgen extra

Procedimiento

Una vez preparada la minestrone en el fuego, tritúrala con una batidora de inmersión hasta que quede lisa y suave.

Añadir una pizca de sal, el pan rallado y el queso parmesano hasta que espese lo justo.

Remover para mezclar bien los ingredientes y, a continuación, crear croquetas con las manos apretándolas ligeramente.

Páselas por pan rallado y colóquelas en la cesta.

Rocíalas con unas gotas de aceite de oliva y hornéalas durante unos 8 minutos a 200°, dándoles la vuelta a la mitad, hasta que se doren.

¡Que aproveche!

Entrantes y Aperitivos

Panettone salado sin levadura

TIEMPO DE PREPARACIÓN
15 Minutos

TIEMPO DE COCCIÓN
30 Minutos

Credit foto: "Homemade Panettone IMG_2509" by Nicola since 1972

PORCIONES
3 Personas

VALORES NUTRICIONALES POR RACIÓN
151 kcal
26 g carbohidratos
6 g proteínas
5 g grasa

Ingredientes

125 g Harina 0
70 ml Leche
25 ml de aceite de semillas
1 huevo
75 g de queso emmental
100 g Mezcla de embutidos de su elección
10 g de queso pecorino rallado
1/2 sobre de levadura en polvo para productos salados
5-10 Almendras
al gusto Sal fina

Procedimiento

Separar los ingredientes secos de los húmedos, en un bol mezclar la harina, la sal, la pimienta, el queso parmesano, el queso pecorino y la levadura en polvo tamizada.

En otro bol mezclar la leche, el aceite de semillas y los huevos. Mezcle ahora los ingredientes de los dos cuencos y forme una masa homogénea.

Corte los embutidos y los quesos en dados pequeños y añádalos a la masa.

Verter la mezcla en el molde, utilizando papel de horno si es necesario. Añadir almendras, un puñado de queso parmesano y unas agujas de romero en la superficie.

Hornear durante 25 minutos a 160°, después subir la temperatura a 180° y hornear otros 5 minutos, comprobando la cocción con un palillo de madera.

¡Que aproveche!

Entrantes y Aperitivos

Croissants salados con calabacines jamón cocido y queso

TIEMPO DE PREPARACIÓN
10 Minutos

TIEMPO DE COCCIÓN
10 Minutos

Credit foto: "Croissant with Seeds" by baechlerpics

PORCIONES
4 Personas

VALORES NUTRICIONALES POR RACIÓN
166 kcal
11 g carbohidratos
5 g proteínas
11 g grasa

Ingredientes

1/2 rollo redondo de hojaldre
2 lonchas de jamón cocido
2 lonchas de queso
1 calabacín
al gusto Leche
al gusto Semillas de amapola
(o de sésamo si lo prefiere)

Procedimiento

Lava los calabacines, quítales los extremos y haz rodajas largas y finas con una mandolina o cortafiambres. Si no dispone de ellas, puede utilizar un cuchillo y hacer las rodajas lo más finas posible.

Desenrolle la masa sobre una superficie de trabajo con un cuchillo o un cortapastas y corte 4 triángulos del mismo tamaño.

En los bordes de cada triángulo, coloque 2 rodajas de calabacín. En el centro, añada un poco de jamón y queso.

Enrollar el croissant empezando por el lado grande (una vez enrollado, la punta debe quedar por debajo), pincelar con un poco de leche y espolvorear con semillas de amapola.

Hornear unos 8 minutos a 200° hasta que se dore.

¡Que aproveche!

Entrantes y Aperitivos

Triángulos de pasta filo rellenos de verduras

TIEMPO DE PREPARACIÓN
15 Minutos

TIEMPO DE COCCIÓN
8 Minutos

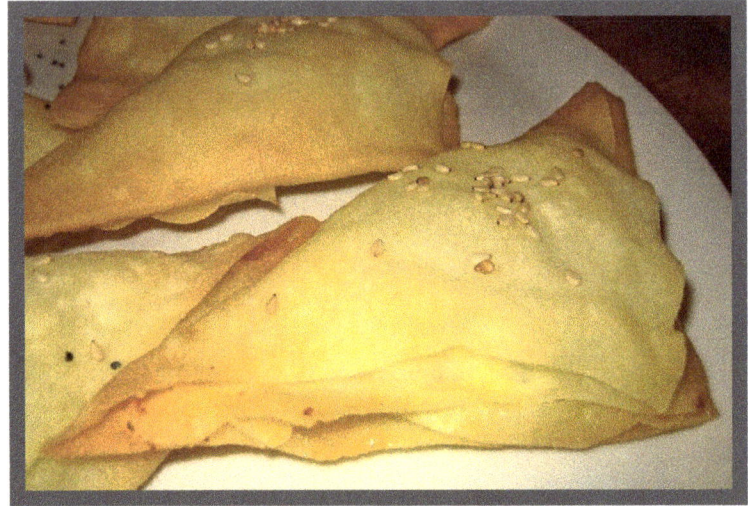

Credit foto: "fagottini di pasta fillo farciti by fugzu

PORCIONES
4 Personas

VALORES NUTRICIONALES POR RACIÓN
130 kcal
20 g carbohidratos
5 g proteínas
4 g grasa

Ingredientes

1 rollo de pasta filo
1 calabacín
1 zanahoria
1/2 cebolla
200 g de col
1 cucharada de aceite de oliva virgen extra
al gusto Sal fina
al gusto Pimienta negra

Procedimiento

Lavar y cortar todas las verduras en tiras finas. Cocinarlas en una sartén con aceite de oliva frito y cebolla picada. La cocción debe ser rápida y a fuego vivo, sin dejar de remover las verduras. Las verduras deben quedar crujientes.

A continuación, cortar la pasta filo en triángulos más bien grandes. Rellenar una mitad con las verduras, escurrir sin pasarse y luego cerrar la otra mitad, humedeciendo ligeramente los lados con agua.

Selle los bordes con cuidado y colóquelos en la cesta cubierta con papel de horno.

Hornéelos a 200° durante unos 8 minutos hasta que estén dorados. Dales la vuelta a mitad de cocción.

¡Que aproveche!

Entrantes y Aperitivos

Crostini con salchicha y queso provolone

TIEMPO DE PREPARACIÓN
5 Minutos

TIEMPO DE COCCIÓN
7 Minutos

PORCIONES
4 Personas

VALORES NUTRICIONALES POR RACIÓN
270 kcal
34 g carbohidratos
11 g proteínas
12 g grasa

Ingredientes

4 rebanadas de pan bruschetta (50 g cada una)
1 ramita de romero
80 g de salchicha (o pesto de salchicha)
80g Provola (ahumada o dulce)
al gusto Aceite de oliva virgen extra

Procedimiento

En primer lugar, cortar el pan en rebanadas de aproximadamente 1 cm de alto y tostarlas con un poco de aceite de oliva por ambos lados en la freidora de aire durante unos minutos a 200°.

Mientras tanto, en un bol, desgrane la salchicha, pique el romero y corte el queso provola en trozos pequeños. Mezclar bien para amalgamar todos los ingredientes.

En cuanto el pan esté tostado, sáquelo, colóquelo sobre una superficie de trabajo y extienda por encima la mezcla de salchicha, provola y romero.

Vuelva a introducirlo en la freidora y cocínelo durante unos 7 minutos a 200°. Comprobar que la salchicha esté cocida antes de servir.

¡Que aproveche!

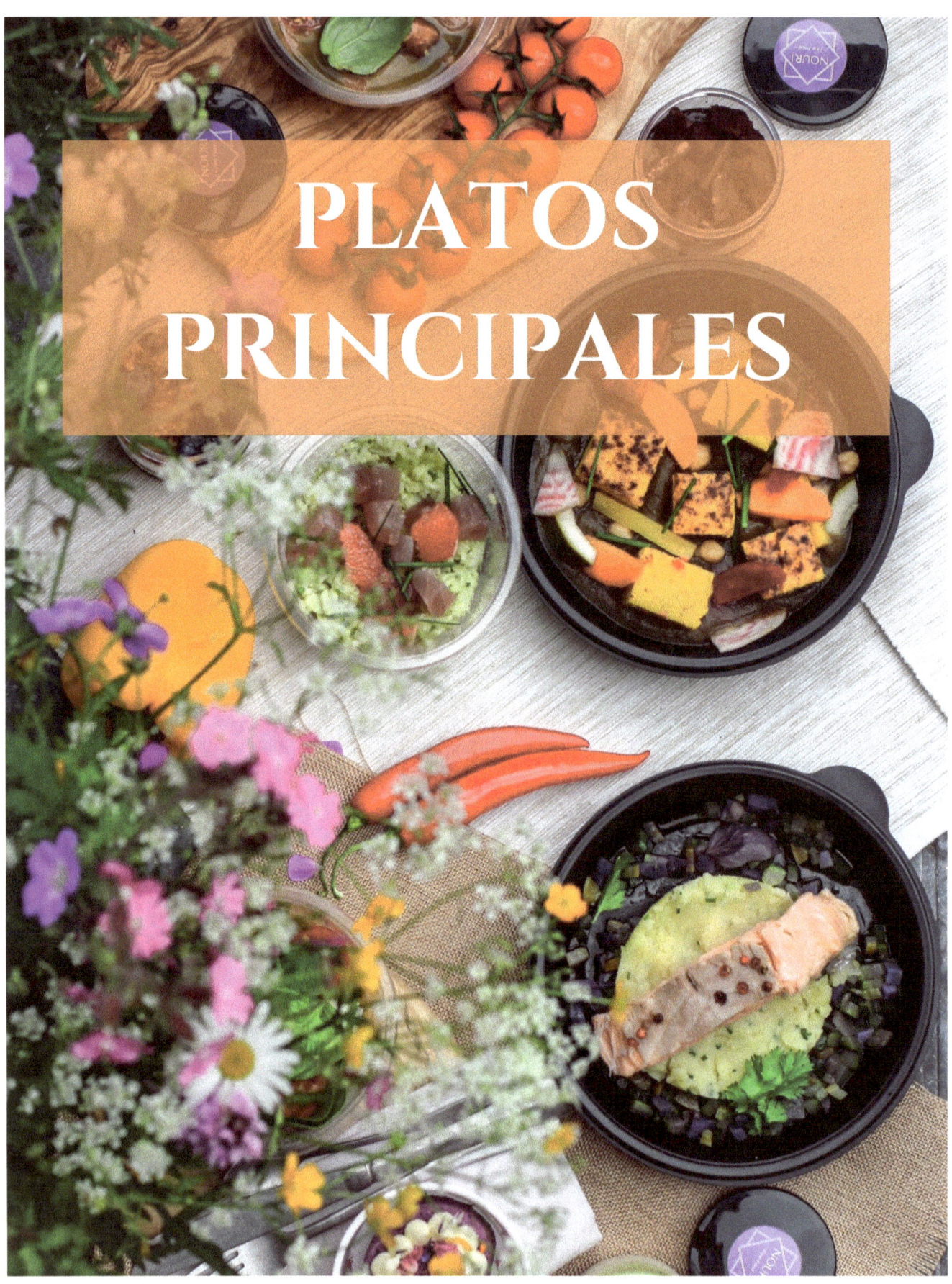

PLATOS PRINCIPALES

Platos Principales

Hamburguesa rellena de queso

TIEMPO DE PREPARACIÓN
10 Minutos

TEMPO DI COCCION
12 Minutos

PORCIONES
3 Raciones

VALORES NUTRICIONALES POR RACIÓN
322 kcal
0 g carbohidratos
38 g proteínas
32 g grasa

Ingredientes

500 g de carne picada mixta
6 lonchas de queso provola
al gusto Sal fina
al gusto Pimienta negra
al gusto Ajo en polvo
al gusto Pan rallado

Procedimiento

En un bol, preparar la mezcla de hamburguesa, añadir la carne picada, el ajo en polvo, la sal y la pimienta. Mezclar bien todos los ingredientes y empezar a formar las hamburguesas.

Con un cortapastas, colocar un poco de carne picada y formar una base, colocar 1 loncha de provolone y cubrir con más carne picada, presionar bien para sellar los lados.

A continuación, colocar las hamburguesas en la cesta y hornear a 180° durante 12 minutos.

El relleno debe estar super tierno y super fibroso.

A tus hijos les encantarán las hamburguesas rellenas.

¡Que aproveche!

Platos Principales

Rollitos de berenjena rellenos de pizzaiola

TIEMPO DE PREPARACIÓN
20 Minutos

TEMPO DI COCCION
45 Minutos

PORCIONES
2 Raciones

VALORES NUTRICIONALES POR RACIÓN
506 kcal
15 g carbohidratos
24 g proteínas
37 g grasa

Ingredientes

2 berenjenas largas
250 g de requesón de vaca
15 g de queso parmesano rallado
2-3 hojas Albahaca fresca
75 g de queso Scamorza (ahumado o normal)
150 ml de puré de tomate
al gusto Aceite de oliva
al gusto Sal fina

Procedimiento

Lavar las berenjenas, quitarles los extremos y cortarlas en rodajas finas. Pinche las rodajas con una brocheta, dejando algo de espacio entre cada rodaja, y cuézalas en la freidora de aire durante unos 10 minutos a 180°. Ahora prepare el relleno: ponga en un bol la ricotta escurrida, la mitad de la scamorza cortada en dados, el parmesano rallado, sal fina y la albahaca picada con un cuchillo. Remover el relleno para que la ricotta quede cremosa y se mezclen bien todos los ingredientes. Ahora prepare los roulades: coloque 4 rodajas de berenjena, entrecruzándolas de dos en dos.

Añadir el relleno y cerrar el matambre. Continúe hasta terminar con todos los ingredientes. Verter el puré de tomate en un bol, sazonar ligeramente con aceite de oliva, unas hojas de albahaca y sal fina. Añade unas cucharadas de salsa de tomate en el fondo de una fuente de horno, asegúrate de que la fuente tiene el tamaño adecuado para tu freidora, luego coloca encima los roulades y cúbrelos con más salsa, queso parmesano rallado y queso scamorza cortado en dados.

Encienda la freidora y cocine los matambres durante 10 minutos a 200°. Transcurrido este tiempo, compruebe que los matambres estén secos y gratinados; de lo contrario, continúe durante otros 5-10 minutos.
¡Que aproveche!

Platos Principales

Berenjenas rellenas

TIEMPO DE PREPARACIÓN
15 Minutos

TEMPO DI COCCION
15 Minutos

PORCIONES
2 Raciones

VALORES NUTRICIONALES POR RACIÓN
322 kcal
8 g carbohidratos
16 g proteínas
24 g grasa

Ingredientes

2 berenjenas
1 Mozzarella
2 cucharadas de queso parmesano rallado
10 aceitunas negras sin hueso
1 cucharada de aceite de oliva virgen extra
al gusto Sal fina
al gusto Puré de tomate
al gusto Cebolla

Procedimiento

Lavar las berenjenas, quitarles los tallos y cortarlas por la mitad a lo largo. Sacar el relleno con un cuchillo. Escaldar el "capuchón" de las berenjenas durante 10 minutos en agua hirviendo con sal.

Mientras tanto, cocina el relleno de berenjena picado en una sartén con un poco de cebolla picada, 1 cucharada de aceite evo y una pizca de sal. Déle un tiempo de cocción rápido de unos 5-10 minutos. A continuación, añadir las berenjenas a la mozzarella picada y las aceitunas y mezclar.

Rellenar las "capuchas" de berenjena con el relleno y cubrirlas con una cucharada de tomate y otra de queso parmesano.

Colóquelas en una fuente de horno y hornéelas durante 15 minutos a 170°. Para una versión más sabrosa pero menos sana, se pueden freír tanto los pimientos como el relleno en aceite hirviendo y proceder según la receta.

¡Que aproveche!

Platos Principales

Muslos de pollo dorados al romero

TIEMPO DE PREPARACIÓN
5 Minutos

TEMPO DI COCCION
12 Minutos

PORCIONES
3 Raciones

VALORES NUTRICIONALES POR RACIÓN
200 kcal
0 g carbohidratos
23 g proteínas
8 g grasa

Ingredientes

6 muslos de pollo
1 ramita de romero
2 cucharaditas de aceite de oliva virgen extra
al gusto Sal fina
al gusto Especias
al gusto Hierbas aromáticas

Procedimiento

Coloque los muslos en una sartén y sazónelos con 2 cucharaditas de aceite evo, sal y romero.
Para hacerlos aún más sabrosos, puedes añadir algunas especias y hierbas más según tu gusto.

Masajea los muslos con las manos y deja que se sazonen bien con todos los ingredientes.
Si no desea utilizar papel de horno, puede poner medio vaso de agua en el fondo de la freidora de aire.

Esto evitará que la grasa se vaya al fondo y desprenda humo y olores.

Ahora coloca los muslos de pollo en la cesta.
Encienda la freidora de aire y cocínelos a 200°, dándoles la vuelta después de unos 5 minutos.
A continuación, continuar la cocción durante otros 6-7 minutos.

¡Que aproveche!

Platos Principales

Albóndigas de calabacín y queso ricotta (sin huevo)

TIEMPO DE PREPARACIÓN
15 Minutos

TEMPO DI COCCION
15 Minutos

PORCIONES
20 Albóndigas

VALORES NUTRICIONALES POR ALBÓNDIGA
80 kcal
2 g carbohidratos
2 g proteínas
3 g grasa

Ingredientes

360 g Calabacines
300 g de Ricotta
100 g de pan rallado duro
5 cucharadas de queso parmesano rallado
al gusto Pimienta negra
al gusto Sal fina
al gusto Migas de pan

Procedimiento

Lavar los calabacines bajo el grifo y quitarles las puntas con un cuchillo. Cortarlos en trozos gruesos y picarlos con una batidora. Colocar los calabacines en un bol grande y añadir el requesón bien escurrido. Mezclar los dos ingredientes con una cuchara. A continuación, desmenuzar finamente el pan rallado y añadirlo al bol. Añadir el queso parmesano rallado, sal y pimienta. Mezclar todos los ingredientes hasta obtener una mezcla lisa y homogénea, si queda demasiado blanda, añadir más pan rallado o pan rallado.

Dividir la mezcla en 20 porciones y amasarlas en bolas con las manos. Pásalas por pan rallado y colócalas sobre papel de horno. Engrasa la cesta con aceite de oliva y coloca las albóndigas en ella.

Rociar las albóndigas con el aceite en spray. Encienda la freidora y cocínelos durante 8 minutos a 200°, luego retire el papel de hornear y déles la vuelta. Continuar la cocción durante otros 4-5 minutos hasta que esté completamente dorado.

¡Que aproveche!

Platos Principales

Flores de calabacín rellenas de ricotta y jamón

TIEMPO DE PREPARACIÓN
15 Minutos

TEMPO DI COCCION
10 Minutos

PORCIONES
4 Raciones

VALORES NUTRICIONALES POR RACIÓN
476 kcal
5 g carbohidratos
35 g proteínas
36 g grasa

Ingredientes

24 Flores de calabaza
500 g de ricotta (de vaca o sin lactosa)
60 g de queso parmesano rallado
80 g de jamón cocido
160 g de queso (emmental, fontina, asiago, scamorza)
2 huevos
al gusto Sal fina
al gusto Pimienta negra
al gusto Perejil

Procedimiento

Limpiar las flores de calabaza, quitar las excrecencias de la base con un cuchillo pequeño, suavemente sin romperlas. A continuación, abra la flor y extraiga el pistilo interior, desprendiéndolo también por la base con un cuchillo pequeño. Después de limpiarlos completamente, lávelos a fondo bajo el grifo de agua fría, con un chorro no demasiado fuerte, ya que podrían romperse.

Colóquelos sobre un paño limpio y déjelos secar al aire o séquelos suavemente con papel de cocina. Ahora prepare el relleno: ponga la ricotta escurrida en un bol. Añadir el queso parmesano (dejando unos puñados para más tarde), el perejil, los huevos, sal fina y pimienta. Remover bien con la ayuda de una cuchara para mezclar todos los ingredientes. Cortar el queso en dados, picar el jamón cocido y añadirlo al bol.

Ahora rellena suavemente las flores de calabacín con la ayuda de una cucharilla, con cuidado de no romperlas.

Extiende papel de horno en una bandeja de horno y coloca las flores de calabacín rellenas una al lado de la otra. Espolvorear con el resto del queso parmesano rallado y rociar con unas gotas de aceite de oliva. Colocar la fuente en la cesta y hornear durante 7-8 minutos a 200°, o hasta que la superficie esté completamente gratinada.

¡Que aproveche!

Platos Principales

Albóndigas rellenas de queso

TIEMPO DE PREPARACIÓN
15 Minutos

TEMPO DI COCCION
20 Minutos

PORCIONES
4 Raciones

VALORES NUTRICIONALES POR RACIÓN
224 kcal
18 g carbohidratos
17 g proteínas
12 g grasa

Ingredientes

250 g de carne picada (ternera, cerdo o mixta)
1 huevo
15 g de queso parmesano rallado
100 g de pan rallado
1 ramita de perejil
al gusto Queso (cortado en trozos)
al gusto sal fina

Procedimiento

Ponga la carne picada, el huevo, el queso parmesano, el pan rallado, el perejil picado y la sal en un cuenco y empiece a mezclar hasta que todos los ingredientes estén combinados.

A continuación, coge un poco de la masa cada vez y rellénala con el queso rallado, ciérrala bien para que el queso no se salga durante la cocción.

Debe obtener albóndigas aplastadas, no demasiado grandes y todas del mismo tamaño.

Engrase ligeramente la cesta y coloque en ella las albóndigas.

Hornear unos 10 minutos a 180°, dándoles la vuelta a mitad de cocción.

¡Que aproveche!

Platos Principales

Costillas de cerdo

TIEMPO DE PREPARACIÓN
5 Minutos

TIEMPO DE MARINADO
3 horas (opcional)

TEMPO DI COCCION
25 Minutos

PORCIONES
2 Raciones

VALORES NUTRICIONALES POR RACIÓN
547 kcal
4 g carbohidratos
27 g proteínas
46 g grasa

Ingredientes

350 g de costillas de cerdo
1 cucharada de aceite de oliva virgen extra
Zumo y ralladura de 1/2 limón
1 cucharadita de mostaza
1 cucharadita de miel
1 diente de ajo
1 ramita de romero
al gusto Sal fina

Procedimiento

Prepare el adobo combinando todos los ingredientes y añádalo a las costillas, masajeándolas con las manos para distribuir todos los ingredientes de forma óptima.
Si puedes, déjalos marinar en el frigorífico durante unas 3 horas (cuanto más tiempo esté, más sabroso será), si no, vete cocinando.

Colocar las costillas en la rejilla y cocinarlas durante unos 25 minutos a 200°, dándoles la vuelta a mitad de cocción.
El resultado son unas deliciosas costillas crujientes y caramelizadas por fuera y jugosas por dentro, con un sabor inigualable.

¡Que aproveche!

Platos Principales

Alitas de pollo con pimentón ahumado

TIEMPO DE PREPARACIÓN
5 Minutos

TIEMPO DE MARINADO
30 Minutos (opcional)

TEMPO DI COCCION
20 Minutos

PORCIONES
2 Raciones

VALORES NUTRICIONALES POR RACIÓN
226 kcal
2 g carbohidratos
26 g proteínas
16 g grasa

Ingredientes

300 g de alitas de pollo
2 cucharaditas de aceite de oliva virgen extra
al gusto Ajo en polvo (o 2 dientes)
al gusto Pimentón ahumado (dulce o picante)
al gusto sal fina

Procedimiento

En un bol, sazona las alitas de pollo con 2 cucharaditas de aceite de oliva, sal, ajo en polvo y pimentón ahumado; no tengas miedo de sazonarlas demasiado, ya que estarán aún más sabrosas.

Sazónalos con las manos para mezclar bien todos los ingredientes.
Si tienes tiempo, déjalos reposar en el frigorífico durante al menos 30 minutos; si no, hornéalos.

Poner a 200° y hornear durante 20 minutos, dándoles la vuelta de vez en cuando.
Disfrute de unas deliciosas y crujientes alitas de pollo, quizás acompañadas de unas patatas fritas.

¡Que aproveche!

Platos Principales

Paquetitos de calabacín con un relleno suave

TIEMPO DE PREPARACIÓN
20 Minutos

TEMPO DI COCCION
20 Minutos

PORCIONES
3 Raciones

VALORES NUTRICIONALES POR RACIÓN
409 kcal
10 g carbohidratos
21 g proteínas
31 g grasa

Ingredientes

3 Calabacines largos
75 g de mozzarella (+75 para la cobertura)
2 cucharadas de queso parmesano (+ para la cobertura)
300 g de ricotta de vaca
3-4 hojas de albahaca
250 ml de puré de tomate
1 cucharada de aceite de oliva virgen extra
al gusto Sal fina
al gusto Pimienta negra

Procedimiento

Lave los calabacines, quíteles los extremos y córtelos en rodajas finas a lo largo, utilizando una mandolina si puede. Procure obtener lonchas finas, ya que deben doblarse sin asarlas ni freírlas.

Séquelas con papel de cocina para eliminar el agua de vegetación. Poner el requesón en un bol y amasarlo hasta que quede cremoso y sin grumos. Corte la mozzarella en dados y añádala a la ricotta, junto con el queso parmesano, la sal, una pizca de pimienta y la albahaca. Mezclar suavemente todos los ingredientes para que se integren.

Ahora prepara las albóndigas: sobre una superficie de trabajo, teje 4 rodajas de calabacín, 2 en horizontal y 2 en vertical, formando una cruz. Colocar un par de cucharadas de relleno en el centro y cerrar el paquete. Gracias al requesón, permanecerá cerrado.
Aliñar el puré de tomate con aceite de evo, sal y unas hojas de albahaca fresca. Coloque unas cucharadas de salsa de tomate en el fondo de una fuente de horno de un tamaño adecuado para su freidora de aire. Coloca los manojos de calabacín uno al lado del otro y cúbrelos con tomate, queso parmesano y mozzarella en dados.

Utilice una fuente de horno que quepa perfectamente en la cesta de su freidora de aire. Encienda la freidora y cocine durante 10 minutos a 200° hasta que esté completamente gratinado.

¡Que aproveche!

Platos Principales

Tarta salada de calabaza con mozzarella y queso parmesano

TIEMPO DE PREPARACIÓN
10 Minutos

TEMPO DI COCCION
10-15 Minutos

PORCIONES
4 Raciones

VALORES NUTRICIONALES POR RACIÓN
300 kcal
6 g carbohidratos
20 g proteínas
22 g grasa

Ingredientes

600 g de calabaza
60 g de queso parmesano rallado
300 g de mozzarella
3 cucharaditas Aceite de oliva virgen extra
al gusto Sal fina
al gusto Hierbas

Procedimiento

Pelar la calabaza y cortarla en rodajas de un par de milímetros. Coloque las rebanadas directamente en la cesta de la freidora de aire, sin papel de horno ni moldes. Rocíe las rodajas de calabaza con un chorro de aceite con el pulverizador o pincélelas con un pincel de cocina. Encienda la freidora de aire y cocínelos durante 4 minutos a 200°. Darles la vuelta y continuar la cocción durante otros 4 minutos hasta que estén blandas. Una vez cocidas, colóquelas en capas en un recipiente y sazónelas con sal y hierbas.

Puede utilizar un molde perforado sin papel de horno para que el aire circule y se cocine uniformemente. También se puede montar la calabaza directamente en la cesta, teniendo cuidado de engrasarla ligeramente. Colocar una primera capa de calabaza en el fondo del molde y, a continuación, añadir queso parmesano rallado.

Corta y trocea la mozzarella y añádela a la mezcla, después puedes añadir otra capa de calabaza. Por último, espolvorear la superficie con queso parmesano. Continuar así hasta terminar los ingredientes. Coloque el molde directamente sobre la cesta y haga funcionar la freidora de aire durante sólo 5 minutos a 200°.

¡Que aproveche!

Platos Principales

Pizzas de berenjena

TIEMPO DE PREPARACIÓN
15 Minutos

TEMPO DI COCCION
17 Minutos

PORCIONES
3 Personas

VALORES NUTRICIONALES POR RACIÓN
119 kcal
3 g carbohidratos
8 g proteínas
7 g grasa

Ingredientes

1 berenjena
100 g de mozzarella
Puré de tomate al gusto
Aceite de oliva virgen extra al gusto
Sal fina al gusto
Albahaca fresca al gusto

También necesitarás
1 brocheta de madera o acero

Procedimiento

Lava la berenjena y quítale los extremos.

Córtalas en rodajas de medio centímetro de grosor, engráselas y sálalas ligeramente. Luego ensártalas en brochetas, dejando espacio entre cada rodaja.

Hornea durante unos 12 minutos a 180°.

En cuanto estén cocidas, forra la cesta de la freidora de aire con papel de horno, coloca encima las rodajas de berenjena cocidas y sazona con puré de tomate, unos dados de mozzarella y una hoja de albahaca.

Hornea otros 5 minutos a 200°.

Disfruta de la pizzette de berenjena, perfecta para un aperitivo ligero y sabroso.

¡Que aproveche!

Platos Principales

Tiras de pollo con copos de maiz

TIEMPO DE PREPARACIÓN
10 Minutos

TEMPO DI COCCION
12 Minutos

PORCIONES
3 Personas

VALORES NUTRICIONALES POR RACIÓN
220 kcal
14 g carbohidratos
26 g proteínas
6 g grasa

Ingredientes

300 g de pechuga de pollo
2 huevos
50 g copos de maíz
Aceite de oliva virgen extra al gusto
Sal fina al gusto

Procedimiento

Corta el pollo en tiras de unos 5 cm y pásalas por el huevo batido y ligeramente salado.

Luego rebózalo en los copos de maíz, asegurándote de cubrirlos todos.

Engrasa ligeramente la freidora y coloca encima las tiras sin solaparlas demasiado.

Rocía las tiras con unas gotas de aceite en spray y cocínalas durante unos 12 minutos a 200°.

Los tiempos pueden variar dependiendo del grosor del pollo y del modelo de la freidora de aire, así que vigila el tiempo de cocción.

¡Que aproveche!

Platos Principales

Media luna de carne rellena

TIEMPO DE PREPARACIÓN
12 Minutos

TEMPO DI COCCION
15 Minutos

PORCIONES
2 Personas

VALORES NUTRICIONALES POR RACIÓN
325 kcal
1 g carbohidratos
33 g proteínas
27 g grasa

Ingredientes

200 g de carne picada (ternera)
2 huevos
2 lonchas de jamón cocido
2 lonchas de queso
Pan rallado al gusto
Sal fina al gusto
Aceite de oliva virgen extra al gusto

Procedimiento

Mezcla la carne con 1 huevo y una pizca de sal. Si está demasiado blanda, ajusta con pan rallado.

A continuación, divide la masa en 2 partes iguales y forma bolas redondas.

Estíralas con un rodillo hasta que tengan forma de disco. Rellena el centro con una loncha de queso y otra de jamón.

A continuación, ciérralas suavemente en forma de media luna, teniendo cuidado de sellar bien los bordes.

Pásalas primero por pan rallado, luego por huevo batido y de nuevo por pan rallado, obteniendo un rebozado supercrujiente.

Coloca las medias lunas en la cesta y rocíalas con aceite de oliva utilizando un pulverizador o aceite en spray.

Hornea durante unos 15 minutos a 180°, dándoles la vuelta a mitad de la cocción.

¡Que aproveche!

Platos Principales

Lasaña de calabaza y salchicha

TIEMPO DE PREPARACIÓN
15 Minutos

TEMPO DI COCCION
15 Minutos

PORCIONES
6 Personas

VALORES NUTRICIONALES POR RACIÓN
173 kcal
16 g carbohidratos
4 g proteínas
8 g grasa

Ingredientes

200 g de calabaza
100 g de salchicha (o pesto de salchicha)
1/2 litro de leche
30 g de mantequilla
30 g de harina
Parmesano Reggiano rallado al gusto
Nuez moscada al gusto
Sal al gusto

Procedimiento

Limpia la calabaza y haz rodajas finas con una mandolina, luego prepara la bechamel.

Hierve la leche con la nuez moscada rallada y una pizca de sal. Derrite la mantequilla y la harina por separado, removiendo con un batidor hasta que la mezcla adquiera un color ámbar y esté espesa.

En cuanto hierva la leche, añade la mezcla de harina y mantequilla y sigue removiendo a fuego lento, dejándola hervir hasta que espese.

Para formar la lasaña primero engrasa los moldes y reparte una cucharada de bechamel, luego una rodaja de calabaza y después la salchicha cortada a mano.

Terminar echando la salsa bechamel y un puñado de queso parmesano.
Hornea a 180° durante unos 15 minutos, asegurándote de que la calabaza y la salchicha estén bien cocidas. Si es necesario, prolonga el tiempo de cocción.

¡Que aproveche!

Platos Principales

Flanes de patata, jamón y queso scamorza

TIEMPO DE PREPARACIÓN
20 Minutos

TEMPO DI COCCION
15 Minutos

PORCIONES
6 Flanes

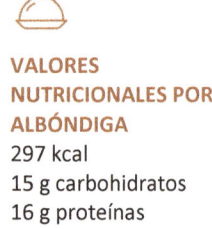
VALORES NUTRICIONALES POR ALBÓNDIGA
297 kcal
15 g carbohidratos
16 g proteínas
12 g grasa

Ingredientes

500 g de patatas
100 g de queso parmesano rallado
100 g de jamón cocido en lonchas
100 g de queso Scamorza (normal o ahumado)
1 huevo
1 ramita de perejil
Sal fina al gusto
Nuez moscada al gusto

Procedimiento

Pela las patatas y cuécelas en agua hirviendo con sal.

Una vez listas, machácalas con un tenedor o con un pasapurés.

Mézclalas con el perejil picado, el queso parmesano, la nuez moscada, el huevo, el jamón y el queso scamorza cortado en dados.

Unta los ramequines con mantequilla y coloca la mezcla dentro, cúbrelos con un puñado de queso parmesano y colócalos en el cestillo.

Hornea durante 15 minutos a 180° hasta que estén dorados.

¡Que aproveche!

Platos Principales

Berenjenas en acordeon con tomate, queso y jamón

TIEMPO DE PREPARACIÓN
7 Minutos

TEMPO DI COCCION
15 Minutos

PORCIONES
4 Personas

VALORES NUTRICIONALES POR RACIÓN
437 kcal
5 g carbohidratos
35 g proteínas
30 g grasa

Ingredientes

4 berenjenas largas
300 g de Scamorza (u otro queso)
6 tomates (tipo auburn)
300 g de jamón cocido
Orégano al gusto
Sal fina al gusto
Aceite de oliva virgen extra al gusto

Nota:
Necesitarás pinchos de madera o acero.

Procedimiento

Lava bien las berenjenas y quítales los tallos. Con un palillo largo, ensártalas a lo largo, a 1 cm del lado donde lo has colocado (este procedimiento evitará que al cortar las rodajas con un cuchillo llegues al otro extremo y cortes toda la rodaja).

A continuación, corta las berenjenas en rodajas de no más de 1 cm de grosor, de lo contrario tardarán demasiado en cocinarse. Sazona cada rodaja con unas gotas de aceite, orégano y una pizca de sal.

A continuación, rellena añadiendo una loncha de jamón, una de scamorza y una de tomate hasta rellenar todas las hendiduras.

Engrasa la cesta de la freidora de aire y coloca las berenjenas en ella durante 15 minutos a 180°. Después sube la temperatura a 200° y déjala otros 5 minutos.

¡Que aproveche!

Platos Principales

Dados de queso feta al estilo mediterráneo

TIEMPO DE PREPARACIÓN
5 Minutos

TEMPO DI COCCION
10 Minutos

PORCIONES
3 Personas

VALORES NUTRICIONALES POR RACIÓN
287 kcal
3 g carbohidratos
13 g proteínas
25 g grasa

Ingredientes

250 g de queso feta
12 tomates cherry
12 aceitunas negras sin hueso
2 cucharaditas de aceite de oliva virgen extra
Sal fina al gusto
Orégano al gusto

Procedimiento

Corta el queso feta en dados de unos 2 centímetros de grosor y colócalos en un bol.

Lava y corta los tomates cherry en 4 y añádelos al feta junto con las aceitunas y el orégano.

Condimenta con 2 cucharaditas de aceite, una pizca de sal fina y una pizca de orégano.

Mezcla todo y colócalo en la cesta cubierta con papel de horno.

Hornea a 200° durante unos 10 minutos, removiendo a mitad de cocción.

Si lo deseas, puede añadir cebolla y pepino crudos cortados en rodajas finas.

¡Que aproveche!

Platos Principales

Chuletas con salsa barbacoa

TIEMPO DE PREPARACIÓN
5 Minutos

TEMPO DI COCCION
12 Minutos

PORCIONES
3 Personas

VALORES NUTRICIONALES POR RACIÓN
334 kcal
2 g carbohidratos
35 g proteínas
17 g grasa

Ingredientes

3 chuletas de cerdo
Sal fina al gusto
Salsa barbacoa
Aceite de oliva virgen extra al gusto

Procedimiento

Saca las chuletas de la nevera 20 minutos antes de cocinarlas.
Sazónalas con un poco de aceite de oliva, una pizca de sal y pincélalas con salsa barbacoa por ambos lados.

A continuación, colócalas en la cesta de la freidora de aire precalentada a 180° y cocina durante unos 10 minutos, dándoles la vuelta a mitad de cocción.
Disfruta de tus chuletas con salsa barbacoa súper sabrosas y sabrosas.

Recuerde que el tiempo de cocción puede variar en función del grosor de la carne, así que prolonga el tiempo de cocción unos minutos más si es necesario.

¡Que aproveche!

Platos Principales

Chuletas rellenas de jamón cocido y queso

TIEMPO DE PREPARACIÓN
10 Minutos

TEMPO DI COCCION
15 Minutos

PORCIONES
3 Personas

VALORES NUTRICIONALES POR RACIÓN
276 kcal
0 g carbohidratos
34 g proteínas
15 g grasa

Ingredientes

6 lonchas Pechuga de pollo
1 huevo
Pan rallado al gusto
Hierbas aromáticas al gusto
Queso parmesano rallado al gusto
Aceite de oliva virgen extra al gusto
Sal fina al gusto

<u>Para el relleno</u>
6 lonchas de jamón cocido
6 lonchas de queso

Procedimiento

Prepara el pan rallado mezclándolo con el queso parmesano rallado y tus hierbas favoritas (perejil, romero, etc.).

A continuación, pasa las rodajas de pollo por el huevo batido y luego por el pan rallado, haciendo que este se adhiera bien. Engrasa la cesta con aceite de oliva y coloca en ella las chuletas sin superponerlas. Cocínalas a 200° durante unos 5 minutos por cada lado.

Una vez cocidas, sácalas de la freidora, colócalas sobre una superficie de trabajo y rellénalas con jamón cocido y el queso de tu elección, ciérralas en forma de media luna y luego con un palillo.

Coloca el papel de horno para que no gotee el queso y hornea unos minutos más hasta que el queso se funda. Disfruta de las super sabrosas y fibrosas chuletas rellenas.

¡Que aproveche!

Platos Principales

Hamburguesa de Portobello champiñones

TIEMPO DE PREPARACIÓN
5 Minutos

TEMPO DI COCCION
25 Minutos

Credit foto: "Mushrooms" by quinn.anya is licensed under

PORCIONES
1 Hamburguesa

VALORES NUTRICIONALES POR RACIÓN
270 kcal
6 g carbohidratos
21 g proteínas
16 g grasa

Ingredientes

2 champiñones Portobello
1/2 berenjena
1 Tomate
75 g de mozzarella
Aceite de oliva virgen extra al gusto
Albahaca fresca al gusto
Sal fina al gusto

<u>Nota</u>:
Necesitarás una brocheta de madera o acero

Procedimiento

Corta la berenjena en rodajas de 1 cm, úntalas con un poco de aceite y pínchalas con una brocheta de madera dejando espacio entre cada rodaja. Después cocínalas en la freidora durante unos 12 minutos a 180°.

Mientras tanto, limpia los champiñones y en cuanto termine la freidora, cocínalos durante unos 15 minutos a 200°.

Una vez cocidos los champiñones y las berenjenas, solo queda montar la hamburguesa.

Empieza con una primera capa de champiñón y continúa al gusto con rodajas de mozzarella, tomate, berenjena y albahaca.

La última capa debe ser el otro champiñón portobello. Sirve las sabrosas hamburguesas de portobello aún calientes.

¡Que aproveche!

Platos Principales

Gallo asado en freidora de aire

TIEMPO DE PREPARACIÓN
5 Minutos

TEMPO DI COCCION
25 Minutos

PORCIONES
2 Personas

VALORES NUTRICIONALES POR RACIÓN
360 kcal
0 g carbohidratos
55 g proteínas
10 g grasa

Ingredientes

1 gallo de 500 g
1 ramita de romero
Sal fina al gusto
Pimentón dulce (o ahumado) al gusto
Ajo en polvo al gusto
Especias y hierbas al gusto

Procedimiento

Saca el gallo del frigorífico al menos 15 minutos antes. Colócalos en un bol y sazónalos con las manos con sal, aceite, pimentón, romero y tus especias y hierbas favoritas.

Precalienta la freidora de aire y cocínalo a 200° (o 230° si la tuya lo permite) durante unos 25 minutos, dándole la vuelta al gallo a mitad de la cocción.

Si es necesario, prolonga el tiempo de cocción hasta que esté hecho. Dependiendo del modelo de freidora, los tiempos de cocción pueden variar.

Disfruta del súper sabroso y tierno gallo asado con una buena guarnición.

¡Que aproveche!

Platos Principales

Pimientos rellenos de carne picada

TIEMPO DE PREPARACIÓN
10 Minutos

TEMPO DI COCCION
12 Minutos

PORCIONES
2 Personas

VALORES NUTRICIONALES POR RACIÓN
253 kcal
12 g carbohidratos
22 g proteínas
17 g grasa

Ingredientes

1 pimiento amarillo
1 pimiento rojo
150 g de carne picada
2 cucharadas de queso parmesano rallado
1 huevo
Sal fina al gusto
Aceite de oliva virgen extra al gusto
Perejil al gusto
Pan rallado al gusto

Procedimiento

Lava los pimientos y córtalos por la mitad a lo largo, límpialos y quita las semillas.

En un bol, añade la carne picada, el perejil picado, la sal, el queso parmesano y el huevo. Mezcla bien todos los ingredientes.

Introduce el relleno en los pimientos y cúbrelos con un poco de pan rallado y aceite de oliva en la superficie. Colócalos en la freidora de aire y cocínalos durante unos 12-15 minutos a 180°, hasta que estén completamente gratinados.

Disfruta de tus pimientos rellenos recién horneados super sabrosos y crujientes.

¡Que aproveche!

Platos Principales

Tarta salada de queso

TIEMPO DE PREPARACIÓN
15 Minutos

TIEMPO DE COCCIÓN
15 Minutos

PORCIONES
Molde de 10 cm

VALORES NUTRICIONALES TOTALES
1177 kcal
93 g carbohidratos
55 g proteínas
64 g grasa

Credit foto: "Succede alle cantine Caprai..." by Michela Simoncini

Ingredientes

125 g Harina 0
1 huevo
60 ml Leche
30 ml Aceite de semillas
8 g de levadura en polvo salada
25 g de queso parmesano rallado
100 g de queso mixto (scamorza, asiago, fontina, etc.)
al gusto Sal fina

Procedimiento

Separar los ingredientes húmedos de los secos, en el primer bol poner los secos dejando a un lado los quesos cortados en trozos.

En el segundo bol verter todos los ingredientes húmedos y mezclar con un batidor para mezclar todo bien.
A continuación, añadir todos los ingredientes y mezclar hasta obtener una mezcla homogénea.
Añadir los quesos cortados en trozos.

Coge un molde de 10 cm y fórralo con papel de horno (si tienes el perforado para freidoras de aire es mejor). Vierte la mezcla en el molde y nivela para que quede uniforme.

Hornear durante unos 15 minutos a 170°, comprobando la cocción con un palillo de madera. Si es necesario, alargar el tiempo de horneado unos minutos más.
¡Que aproveche!

Platos Principales

Bolas de arroz con jamón y queso mozzarella

TIEMPO DE PREPARACIÓN
20 Minutos
+ 1 Hora de reposo

TIEMPO DE COCCIÓN
20 Minutos

PORCIONES
5 Personas

VALORES NUTRICIONALES POR RACIÓN
327 kcal
38 g carbohidratos
16 g proteínas
13 g grasa

Ingredientes

250 g de arroz
20 g de mantequilla
120 g de jamón cocido cortado en dados
120 g de mozzarella
1 huevo
al gusto Pan rallado
al gusto Harina
al gusto Queso parmesano rallado
al gusto Azafrán
q.b. sal fina

Procedimiento

Hervir el arroz en agua con sal, escurrirlo en cuanto esté listo e incorporar la mantequilla y el azafrán. A continuación, extiéndalo en una bandeja de horno y déjelo enfriar.
Mientras tanto, corte la mozzarella en dados.

Tome unas 2 cucharadas de arroz y dele forma redonda, rellénelo con el jamón cocido y la mozzarella y ciérrelo con más arroz, teniendo cuidado de comprimirlo bien.

Pásalo primero por harina, luego por huevo batido y por último por pan rallado.

Una vez listos, déjalos reposar 1 hora en la nevera.
A continuación, rocíalos con un poco de aceite y hornéalos a 200° durante 20 minutos, dándoles la vuelta a mitad de cocción.

Puedes preparar una versión con salsa de carne en el centro, sólo tienes que sustituirla por jamón cocido y mozzarella.
¡Que aproveche!

Platos Principales

Chuleta de pollo asada

TIEMPO DE PREPARACIÓN
5 Minutos

TIEMPO DE COCCIÓN
20 Minutos

PORCIONES
3 Personas

VALORES NUTRICIONALES POR RACIÓN
190 kcal
3 g carbohidratos
37 g proteínas
4 g grasa

Ingredientes

500 g de chuleta de pollo
1 cucharadita de aceite de oliva virgen extra
al gusto Ajo en polvo
al gusto Pimentón en polvo
al gusto Sal fina
al gusto Pimienta negra

Procedimiento

En primer lugar, coloca la chuleta de pollo en un bol y sazónala con aceite evo, una pizca de sal, una ralladura de pimienta, pimentón y ajo en polvo.

Asegúrese de sazonarlo por todos los lados.

A continuación, colóquelo en la freidora de aire y cocínelo a 180° durante unos 20 minutos, dándole la vuelta a mitad de la cocción.

El tiempo de cocción puede variar en función del grosor del pollo, así que cocínelo durante más tiempo si es necesario.

La tagliata se come mejor con una guarnición, o incluso en una gran ensalada.

¡Que aproveche!

Platos Principales

Capocollo marinado

TIEMPO DE PREPARACIÓN
2 Minutos
+ 20 Minutos de marinado (opcional)

TIEMPO DE COCCIÓN
18 Minutos

PORCIONES
1 Personas

VALORES NUTRICIONALES POR RACIÓN
174 kcal
0 g carbohidratos
21 g proteínas
10 g grasa

Ingredientes

1 rodaja de capocollo
1 ramita de romero
1 cucharadita de aceite de oliva virgen extra
al gusto Ajo en polvo
al gusto Sal fina
al gusto Pimienta negra

Procedimiento

Marinar el capocollo con el romero picado, 1 cucharadita de aceite evo, un poco de ajo en polvo, sal y pimienta.

Masajee bien con las manos para distribuir todos los condimentos. Deje reposar la carne unos 25 minutos en el frigorífico.

Pasado este tiempo, hornee el capocollo a 200° durante unos 18 minutos, dándole la vuelta a mitad de cocción.

Sirva el capocollo con patatas asadas, que combinan muy bien con este plato.

Si lo desea, puede omitir la fase de marinado y pasar directamente a la cocción. Seguirá estando bueno.

Platos Principales

Tortilla con flores de calabacín

TIEMPO DE PREPARACIÓN
10 Minutos

TIEMPO DE COCCIÓN
20 Minutos

PORCIONES
2 Personas

VALORES NUTRICIONALES POR RACIÓN
350 kcal
6 g carbohidratos
32 g proteínas
21 g grasa

Ingredientes

6 huevos
2 calabacines
150 g de flores de calabacín
150 g de requesón desnatado
3 cucharadas de queso parmesano rallado
al gusto sal fina
al gusto pimienta negra

Procedimiento

Limpiar las flores de calabacín y quitar los pistilos, luego lavar y cortar el calabacín en trozos pequeños.

En un bol, batir los huevos con el requesón, la sal y la pimienta, removiendo con un batidor hasta que el requesón esté bien mezclado con los huevos.
A continuación, añadir los calabacines y las flores y volver a mezclar.

Forrar un molde o bandeja de horno con papel de hornear, colocar la mitad de las flores de calabacín en la base y verter la mezcla en ella.

Las flores restantes se colocan en la superficie.

Hornear la tortilla durante 20 minutos a 180°.

Si es necesario, prolongar la cocción unos minutos más.

¡Que aproveche!

Platos Principales

Brochetas de carne con verduras

TIEMPO DE PREPARACIÓN
10 Minutos

TIEMPO DE COCCIÓN
15 Minutos

PORCIONES
2 Personas

VALORES NUTRICIONALES POR RACIÓN
314 kcal
5 g carbohidratos
31 g proteínas
24 g grasa

Ingredientes

300 g de carne (ternera, cerdo u otra)
1 calabacín
1 pimiento
1 ramita de romero
al gusto Tomates cherry
al gusto Sal fina
al gusto Aceite de oliva virgen extra

Procedimiento

Cortar la carne en trozos de unos 2-3 cm, luego aliñarlos en un bol con aceite de evo, sal y unas agujas de romero.

Lavar y limpiar las verduras, luego cortar el calabacín y el pimiento en trozos del mismo tamaño que la carne.

Una vez preparados todos los ingredientes, empezar a ensartar alternativamente un trozo de carne y un trozo de verdura.

Continúe hasta completar todas las brochetas.

Colóquelas en la freidora de aire precalentada y cocínelas durante unos 15 minutos a 180°, dándoles la vuelta a mitad de cocción.

Si es necesario, prolongue el tiempo de cocción.

¡Que aproveche!

Platos Principales

Rollitos de pollo con bacon enrollado

TIEMPO DE PREPARACIÓN
5 Minutos

TIEMPO DE COCCIÓN
20 Minutos

PORCIONES
2 Personas

VALORES NUTRICIONALES POR RACIÓN
408 kcal
0 g carbohidratos
42 g proteínas
26 g grasa

Ingredientes

4 lonchas de pechuga de pollo
4 lonchas de jamón cocido
4 lonchas de queso (a elegir)
4 lonchas de bacon (grande)
al gusto Sal fina
al gusto Aceite de oliva virgen extra

Procedimiento

Disponer las lonchas de bacon sobre una superficie de trabajo, colocar encima las lonchas de pollo y rellenar cada roscón con una loncha de jamón cocido y queso.

Cerrar los rollitos suavemente sellándolos con palillos de madera.

Colóquelos en la cesta, añada una pizca de sal y rocíe unas gotas de aceite evo con un pulverizador o aceite en spray.

Hornéalos durante unos 20 minutos a 200°.

Disfruta de los rollitos de pollo con el queso aún caliente y fibroso.

¡Que aproveche!

Platos Principales

Chuletas de ternera al romero

TIEMPO DE PREPARACIÓN
5 Minutos

TIEMPO DE COCCIÓN
10 Minutos

PORCIONES
3 Personas

VALORES NUTRICIONALES POR RACIÓN
229 kcal
0 g carbohidratos
27 g proteínas
17 g grasa

Ingredientes

3 chuletas de ternera
2 cucharadas de aceite de oliva virgen extra
3 ramitas de romero
al gusto Sal fina
al gusto Pimienta negra

Procedimiento

Picar las agujas de romero y hacer una mezcla con la sal y la pimienta.

Sazona las chuletas con aceite de oliva y la mezcla de romero, masajeándolas bien con las manos para distribuir el condimento.

Precalentar la freidora de aire a 180° y colocar las chuletas en la cesta sin superponerlas.

Cocínelas durante unos 10 minutos a 180°, dándoles la vuelta a mitad de cocción. Deben estar doradas por fuera y hechas por dentro.

Sirve las chuletas con una buena guarnición de este recetario.

¡Que aproveche!

Platos Principales

Chuletas de cordero en freidora de aire

TIEMPO DE PREPARACIÓN
5 Minutos

TIEMPO DE COCCIÓN
20 Minutos

PORCIONES
2 Personas

VALORES NUTRICIONALES POR RACIÓN
492 kcal
0 g carbohidratos
38 g proteínas
37 g grasa

Ingredientes

400 g de chuletas de cordero
2 cucharadas de aceite de oliva virgen extra
2 dientes de ajo
2 ramitas de romero
2 ramitas de tomillo
al gusto sal fina
al gusto Pimienta negra

Procedimiento

Primero se sazonan las chuletas de cordero con todos los ingredientes y se masajean con las manos para que todos los ingredientes queden bien repartidos.

Una vez bien sazonadas, colóquelas en la cesta de una freidora de aire precalentada a 200° C y cuézalas durante 20 minutos, dándoles la vuelta de vez en cuando.

El tiempo de cocción puede variar en función de su tamaño y del modelo de freidora.

Para un adobo aún más fuerte, puede dejarlos marinar en el frigorífico con medio vaso de vino durante al menos 2 horas, lo que les dará aún más sabor.

Dependiendo del tiempo que tengas, déjalas reposar en la nevera o no.

¡Que aproveche!

Platos Principales

Muslitos de pollo al limón

TIEMPO DE PREPARACIÓN
5 Minutos

TIEMPO DE COCCIÓN
25 Minutos

PORCIONES
2 Personas

VALORES NUTRICIONALES POR RACIÓN
286 kcal
0 g carbohidratos
24 g proteínas
12 g grasa

Ingredientes

4 muslos de pollo
1 limón sin tratar
3 cucharaditas de aceite de oliva virgen extra
1 ramita de romero
al gusto Sal fina
al gusto Pimienta negra

Procedimiento

Colocar los muslos de pollo en un molde apto para la freidora y sazonar con la ralladura de 1 limón entero y su zumo, añadir el aceite, el romero, la sal y la pimienta.

Frotar bien con las manos para que se distribuyan todos los condimentos y sabores.

Colocar el molde en la freidora y cocer los muslos durante 25 minutos a 200°.
Compruebe el tiempo de cocción, ya que varía en función de la freidora de aire.

Para un mejor marinado se recomienda dejar marinar los muslos en la nevera durante al menos 2 horas si tienes la oportunidad.

¡Que aproveche!

Platos Principales

Alitas de pollo fritas

TIEMPO DE PREPARACIÓN
5 Minutos

TIEMPO DE COCCIÓN
15 Minutos

PORCIONES
3 Personas

VALORES NUTRICIONALES POR RACIÓN
187 kcal
5 g carbohidratos
32 g proteínas
5 g grasa

Ingredientes

400 g de alitas de pollo
2 huevos
al gusto Harina
al gusto Aceite de oliva virgen extra
al gusto Pan rallado
al gusto Sal fina
al gusto Pimienta negra
al gusto Ajo en polvo

Procedimiento

Primero sazona las alitas de pollo con una pizca de sal, un poco de pimienta y ajo en polvo.

Luego pásalas por harina, después por huevo y por último por pan rallado, obteniendo una capa de pan rallado súper crujiente.

Continúa así hasta que estén todas empanadas.
A continuación, póngalos en la freidora precalentada a 200° y rocíelos con unas gotas de aceite evo.

Cocínalas durante unos 15-20 minutos hasta que estén completamente cocidas.

Disfruta de las alitas acompañadas de patatas fritas crujientes.

¡Que aproveche!

Platos Principales

Trozos de salchicha con patatas y calabacines

TIEMPO DE PREPARACIÓN
5 Minutos

TIEMPO DE COCCIÓN
16 Minutos

PORCIONES
3 Personas

VALORES NUTRICIONALES POR RACIÓN
349 kcal
12 g carbohidratos
22 g proteínas
23 g grasa

Ingredientes

350 g de salchicha (tipo luganega)
3 patatas medianas
3 calabacines largos
3 cucharaditas de aceite de oliva virgen extra
al gusto Hierbas aromáticas (a su gusto)
al gusto Sal fina

Procedimiento

Lavar los calabacines y quitarles los extremos, cortarlos en rodajas de medio centímetro de grosor con un cuchillo o una mandolina.

Pelar las patatas y cortarlas en medias lunas o en rodajas.

Colocar las patatas y los calabacines en un bol grande y aliñarlos con aceite de oliva, sal, especias y hierbas picadas (al gusto).

Añada la salchicha previamente picada y mézclela con el resto. Tenga cuidado de no desmenuzarla. Viértalo todo en la cesta, utilizando papel de horno si lo prefiere.

Encienda la freidora y cocine durante unos 15 minutos a 200°, removiendo suavemente a mitad de cocción.

¡Que aproveche!

Platos Principales

Cordon bleu de berenjena

TIEMPO DE PREPARACIÓN
15 Minutos

TIEMPO DE COCCIÓN
20 Minutos

PORCIONES
2 Personas

VALORES NUTRICIONALES POR RACIÓN
236 kcal
4 g carbohidratos
18 g proteínas
15 g grasa

Ingredientes

1 berenjena
75 g de queso Scamorza (ahumado o normal)
1 huevo
40 g de jamón cocido
al gusto Aceite de oliva virgen extra
al gusto Sal fina
al gusto Pan rallado
al gusto Queso parmesano rallado

Procedimiento

Lavar las berenjenas, recortarles los extremos y cortarlas en rodajas finas de medio centímetro de grosor. Preparar el pan rallado mezclando el pan rallado y el queso parmesano.

Rellene las berenjenas de dos en dos con una loncha de jamón cocido y una loncha de queso scamorza. Cerrarlas como un bocadillo y presionarlas con la palma de la mano para compactarlas.

Batir los huevos con una pizca de sal en un bol grande. Pasar las chuletas primero por el huevo y luego por el pan rallado, procurando que se adhieran perfectamente.

A continuación, volver a pasarlas por el huevo y el pan rallado para obtener una doble capa de pan rallado.

Engrase la cesta con aceite de oliva y colóquelas en ella, rociándolas con aceite de oliva en spray. Cocerlas durante 12-15 minutos a 200°, dándoles la vuelta a mitad de la cocción, continuando a rociarlas con aceite de oliva.

¡Que aproveche!

Platos Principales

Codillo de cerdo con cebolla

TIEMPO DE PREPARACIÓN
5 Minutos

TIEMPO DE COCCIÓN
30 Minutos

PORCIONES
2 Personas

VALORES NUTRICIONALES POR RACIÓN
524 kcal
2 g carbohidratos
70 g proteínas
24 g grasa

Credit foto: "schnitzel haus pork shank" by goodiesfirst

Ingredientes

600 g de jarrete de cerdo precocinado
4 cebollas rojas
2 cucharadas de salsa de soja
1/2 cucharada de salsa barbacoa
al gusto Especias al gusto
al gusto Vino blanco
al gusto Caldo de carne

Procedimiento

Coloque el jarrete en una fuente de horno adecuada al tamaño de su freidora y añada la cebolla picada, la salsa de soja, la salsa barbacoa, sus especias favoritas, el vino blanco y un poco de caldo de carne.

Los líquidos deben llegar más o menos hasta la mitad del jarrete.
Mézclelo todo y hornee el jarrete durante unos 20 minutos a 200°.

Una vez transcurridos los 20 minutos, se saca el jarrete y se cuecen las cebollas y la salsa durante 10 minutos para reducirla.

A continuación, añade la salsa y las cebollas al jarrete y disfruta de un plato super sabroso y super tierno.

¡Que aproveche!

Platos Principales

Pastel de carne relleno en freidora de aire

TIEMPO DE PREPARACIÓN
10 Minutos

TIEMPO DE COCCIÓN
20 Minutos

PORCIONES
3 Personas

VALORES NUTRICIONALES POR RACIÓN
257 kcal
1 g carbohidratos
27 g proteínas
23 g grasa

Ingredientes

300 g de carne picada
2 lonchas de jamón cocido
1 salchicha
1 huevo duro
al gusto Pan rallado
al gusto sal fina
al gusto Aceite de oliva virgen extra
al gusto Pimienta negra

Procedimiento

Mezclar la carne picada con el huevo, sal, pimienta y un poco de pan rallado.
Extiéndelo sobre papel de horno y coloca en el centro la salchicha y el jamón, ciérralo con cuidado de no romperlo (puedes ayudarte con el papel de horno).

Una vez cerrado y compactado, pincelar con aceite evo y rebozar con pan rallado para crear una corteza crujiente mientras se cocina.

Pásalo con cuidado a una fuente/molde de horno y colócalo en la cesta de la freidora de aire.

Cocínalo durante 15 minutos a 180°, luego sube la temperatura a 200° y continúa otros 5 minutos para obtener un gratinado súper crujiente en la superficie.

¡Que aproveche!

Platos Principales

Magret de pato a la naranja

TIEMPO DE PREPARACIÓN
5 Minutos

TIEMPO DE COCCIÓN
25 Minutos

PORCIONES
2 Personas

VALORES NUTRICIONALES POR RACIÓN
268 kcal
17 g carbohidratos
35 g proteínas
6 g grasa

Ingredientes

350 g de salchicha (tipo luganega)
3 patatas medianas
3 calabacines largos
3 cucharaditas de aceite de oliva virgen extra
al gusto Hierbas aromáticas (a su gusto)
al gusto Sal fina

Procedimiento

Tallar la piel de la pechuga con un cuchillo sin cortar la carne de debajo, haciendo cortes sencillos o en forma de damero, y espolvorear la piel con sal.

A continuación, lave 3 naranjas, de una de las cuales deberá obtener el zumo y las otras córtelas en rodajas de 1/2 cm. Mezcle el zumo de naranja con la miel y la pimienta.

Coloca las rodajas de naranja en la cesta, creando una base, y a continuación coloca las hierbas y la pechuga de pato con la piel hacia arriba.

Hornéalo a 180° durante 25 minutos, a partir de la mitad cepíllalo por ambos lados y dale la vuelta de vez en cuando.

Si prefieres la carne más hecha, alarga el tiempo de cocción unos minutos, sin exagerar para que no se seque demasiado.

¡Que aproveche!

PLATOS PRINCIPALES DE PESCADO

Platos Principales de pescado

Calamares fritos

TIEMPO DE PREPARACIÓN
20 Minutos

TEMPO DI COCCION
10 Minutos

PORCIONES
3 Raciones

VALORES NUTRICIONALES POR RACIÓN
208 kcal
9 g carbohidratos
30 g proteínas
6 g grasa

Ingredientes

450 g de calamares frescos
3 cucharaditas de aceite de oliva virgen extra
al gusto 0 harina (o sémola)
al gusto Sal fina

Procedimiento

Primero se limpian los calamares bajo el grifo. Separe la cabeza del cuerpo y limpie el calamar por dentro, sacando las tripas y enjuagándolo bien.

Con la ayuda de un escurridor, corte suavemente la cáscara exterior para poder retirar la piel del calamar sin dificultad. Quitar el diente presionando ligeramente sobre la cabeza y quitar también la piel exterior. Enjuague siempre los calamares antes de utilizarlos.

A continuación, córtelos en aros de 1 cm aproximadamente. A continuación, vierte la harina en un bol y empieza a enharinarlas poco a poco. Una vez enharinadas todas las anillas de calamar, pasarlas por un colador para eliminar el exceso de harina.
Engrasar la cesta con un poco de aceite evo y colocar en ella los calamares sin superponerlos: en su lugar, cocinarlos en varias vueltas.
Rociar los calamares con unas gotas de aceite en spray. Encienda la freidora y cocine durante unos 7-8 minutos a 200°.

¡Que aproveche!

Platos Principales de pescado

Tentáculos de calamar gratinados

TIEMPO DE PREPARACIÓN
5 Minutos

TEMPO DI COCCION
12 Minutos

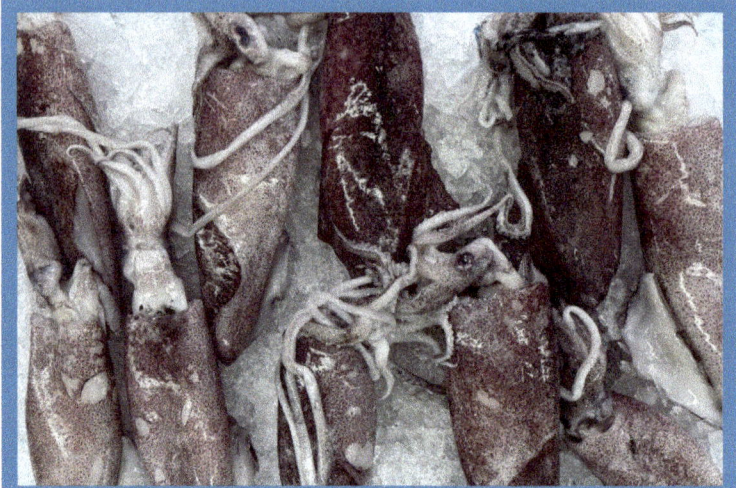

PORCIONES
4 Raciones

VALORES NUTRICIONALES POR RACIÓN
185 kcal
13 g carbohidratos
31 g proteínas
1 g grasa

Ingredientes

600 g de tentáculos de calamar
2 dientes de ajo
al gusto Sal fina
al gusto Migas de pan
al gusto aceite de oliva virgen extra
al gusto Perejil

Procedimiento

Lavar y limpiar los tentáculos de los calamares bajo el grifo, dejarlos escurrir y mientras tanto preparar el pan rallado.

Añadir el pan rallado, la sal, el ajo y el perejil picado.

Por último, seca los calamares con papel absorbente y pásalos de uno en uno por el pan rallado.

Colóquelas en la cesta de la freidora de aire y rocíelas con aceite de oliva. Cocerlas durante unos 12 minutos a 180°, dándoles la vuelta suavemente a mitad de cocción.

Si prefiere un gratinado más crujiente, prolongue el tiempo de cocción unos minutos más.

¡Que aproveche!

Platos Principales de pescado

Brochetas de gambas gratinadas con limón

TIEMPO DE PREPARACIÓN
10 Minutos

TEMPO DI COCCION
5 Minutos

PORCIONES
2 Raciones

VALORES NUTRICIONALES POR RACIÓN
83 kcal
2 g carbohidratos
14 g proteínas
3 g grasa

Ingredientes

400 g de gambas
1 diente de ajo
Corteza de 1 limón
al gusto Zumo de limón
al gusto Migas de pan
al gusto Sal fina
al gusto Pimienta negra
al gusto Perejil

Nota:
Necesitará pinchos de madera o acero.

Procedimiento

Limpiar las gambas retirando el intestino negro y el caparazón exterior. A continuación, ensártalas con brochetas de madera o de acero, según las que tengas.

En un bol, preparar el pan rallado:
Añadir el pan rallado, el ajo y el perejil picados, una pizca de sal, pimienta negra, la ralladura y el zumo de limón y, por último, el aceite de evo.

Mezclar hasta que todos los ingredientes estén combinados.

Pasar las brochetas por el pan rallado, procurando empanarlas lo más posible.

A continuación, hornéelas a 180° durante unos 5 minutos o hasta que estén completamente gratinadas.

¡Que aproveche!

Platos Principales de pescado

Gambas en freidora

TIEMPO DE PREPARACIÓN
10 Minutos

TEMPO DI COCCION
12 Minutos

PORCIONES
3 Raciones

VALORES NUTRICIONALES POR RACIÓN
109 kcal
0 g carbohidratos
22 g proteínas
2 g grasa

Ingredientes

300 g de gambas
1/2 vaso de vino blanco
al gusto Aceite de oliva virgen extra
1 diente de ajo
al gusto Sal fina
al gusto Perejil

Procedimiento

Enjuague los langostinos y retire el intestino negro, simplemente haga un corte en la parte posterior de los langostinos, levántelo ligeramente y sáquelo con un palillo.

A continuación, coloque las gambas en una sartén/molde adecuado al tamaño de su freidora de aire y sazónelas con aceite de oliva, medio vaso de vino blanco, ajo picado, una pizca de sal y perejil fresco picado.

Cocerlas durante unos 12 minutos a 180°, removiendo a mitad de cocción.

Comprobar que están cocidos antes de servir.
Si es necesario, prolongue el tiempo de cocción unos minutos.

¡Que aproveche!

Platos Principales de pescado

Filete de pez espada empanado al estilo mediterráneo

TIEMPO DE PREPARACIÓN
5 Minutos

TEMPO DI COCCION
15 Minutos

PORCIONES
3 Raciones

VALORES NUTRICIONALES POR RACIÓN
254 kcal
3 g carbohidratos
27 g proteínas
13 g grasa

Ingredientes

3 rodajas de pez espada
3 cucharaditas de aceitunas sin hueso
3 cucharaditas de piñones
1 diente de ajo
al gusto Alcaparras
al gusto Menta fresca
al gusto Ralladura de limón
al gusto Albahaca fresca
al gusto Sal fina
al gusto Aceite de oliva virgen extra

Procedimiento

Primero pica todos los ingredientes excepto el pez espada en un robot de cocina para hacer un pan rallado super sabroso.

A continuación, retira la piel del pez espada y rebózalo en el pan rallado, teniendo cuidado de presionarlo con el mai para que se adhiera perfectamente.

A continuación, coloque las rodajas de pez espada en la freidora de aire precalentada y cocínelas durante unos 15 minutos a 180°, dándoles la vuelta a mitad de la cocción.

Compruebe el tiempo de cocción, ya que puede variar ligeramente en función de la freidora de aire y del grosor del pez espada.
Disfrute de estos sabrosos filetes de pez espada al estilo mediterráneo.

¡Que aproveche!

Platos Principales de pescado

Boquerones fritos

TIEMPO DE PREPARACIÓN
20 Minutos

TEMPO DI COCCION
7 Minutos

PORCIONES
4 Raciones

VALORES NUTRICIONALES POR RACIÓN
182 kcal
5 g carbohidratos
22 g proteínas
8 g grasa

Ingredientes

500 g de anchoas frescas
4 cucharaditas de aceite de oliva virgen extra
q.b. 00 harina
al gusto Sal fina

Procedimiento

Limpia las anchoas quitándoles las vísceras y la cabeza, también puedes
deje los huesos dentro para este método de cocción. Enjuáguelos
bajo un chorro de agua fría y ponerlas en un colador para escurrir las
un escurridor para que pierdan el exceso de agua.

Rebozar las anchoas en harina poco a poco para que queden bien enharinadas. Una vez rebozadas en harina, pasarlas por un colador para eliminar el exceso de harina. Continúe hasta que todos estén cubiertos de harina.
Luego, poco a poco, colocar las anchoas directamente sobre la cesta ligeramente engrasada, teniendo cuidado de espaciarlas unas de otras y rociarlas con unas gotas de aceite de evo.

Encienda la freidora de aire y cocine durante 6-7 minutos a 200. Pasados unos minutos, rocíelos con unas gotas más de aceite para que queden perfectamente dorados.
En cuanto estén listos, sálalos y sírvelos con unos gajos de limón.

¡Que aproveche!

Platos Principales de pescado

Mejillones gratinados

TIEMPO DE PREPARACIÓN
20 Minutos

TEMPO DI COCCION
8 Minutos

PORCIONES
3 Raciones

VALORES NUTRICIONALES POR RACIÓN
180 kcal
13 g carbohidratos
17 g proteínas
4 g grasa

Ingredientes

300 g Mejillones
50 g de pan rallado
1 ramita de perejil
1 diente de ajo
al gusto Aceite de oliva virgen extra

Procedimiento

En primer lugar, limpie los mejillones tanto por fuera como sacando la "cuerda" interior.

A continuación, abre los mejillones con un cuchillo pequeño, con cuidado de no cortarte.

Una vez que estén todos abiertos, colóquelos boca arriba en una bandeja de horno o directamente en la cesta.

Ahora prepara el pan rallado, añade el pan rallado, el perejil y el ajo picado.
Mezclar bien y luego cubrir los mejillones con el pan rallado.

Por último, pulveriza unas gotas de aceite evo con un pulverizador o spray de aceite.
Cocerlos a 200° durante unos 8 minutos.

¡Que aproveche!

Platos Principales de pescado

Atún en costra de semillas de amapola

TIEMPO DE PREPARACIÓN
5 Minutos

TEMPO DI COCCION
10 Minutos

PORCIONES
2 Raciones

VALORES NUTRICIONALES POR RACIÓN
302 kcal
0 g carbohidratos
58 g proteínas
7 g grasa

Ingredientes

2 filetes de atún (unos 200 g por filete)
2 cucharaditas de aceite de oliva virgen extra
al gusto Sal fina
al gusto Semillas de amapola

Procedimiento

Saca los filetes de atún del frigorífico y déjalos templar unos 10 minutos.

Mientras tanto, ponga suficientes semillas de amapola en un bol para cubrir todos los lados del atún. Unte bien todos los lados del atún con aceite de oliva y reboce el atún en las semillas de amapola hasta que quede completamente cubierto.

Por último, colóquelo en la cesta de la freidora de aire, sin papel de horno para que el aire circule de forma óptima.
Encienda la freidora de aire y cocine durante 4 minutos a 180°, luego gírela suavemente sin romperla.
Continuar la cocción durante otros 4 minutos. Si lo prefiere más crujiente en la superficie, puede subir la temperatura a 200° durante los últimos minutos.

Una vez cocido, sazonar con sal y un poco de aceite de evo crudo y servir con una rodaja de limón.

¡Que aproveche!

Platos Principales de pescado

Dorada en freidora de aire

TIEMPO DE PREPARACIÓN
5 Minutos

TEMPO DI COCCION
15 Minutos

PORCIONES
1 Raciones

VALORES NUTRICIONALES POR RACIÓN
403 kcal
0 g carbohidratos
37 g proteínas
5 g grasa

Ingredientes

1 Dorada
2 rodajas de limón
1 manojo de perejil
1 diente de ajo
al gusto Sal fina
al gusto Pimienta negra
al gusto aceite de oliva virgen extra

Procedimiento

Limpie primero las vísceras y las escamas de la dorada y, a continuación, enjuáguelas de nuevo bajo el agua.

Rellenar la dorada con 2 rodajas de limón, una ramita de perejil y un diente de ajo.

A continuación, sazonar con un poco de aceite de oliva, una pizca de sal y una ralladura de pimienta.

Coloque la dorada en la cesta y cuézala durante 10 minutos a 200°, después dele la vuelta y cuézala otros 5 minutos.

Cocinándolo de esta manera obtendrá una dorada súper sabrosa y magra sin utilizar demasiada grasa.

¡Que aproveche!

Platos Principales de pescado

Gambas fritas con sal y pimienta

TIEMPO DE PREPARACIÓN
5 Minutos

TEMPO DI COCCION
10 Minutos

PORCIONES
3 Personas

VALORES NUTRICIONALES POR RACIÓN
40 kcal
3 g carbohidratos
5 g proteínas
1 g grasa

Ingredientes

200 g de gambas (ya limpias)
15 g de harina
Sal fina al gusto
Pimienta negra al gusto

Procedimiento

Descongela y enjuaga las gambas y sécalas con papel absorbente.
Pásalas poco a poco por harina y tamiza para eliminar el exceso de harina. Continúa hasta que todas las gambas estén rebozadas en harina.

A continuación, colócalas en la cesta de una freidora de aire precalentada y cocínalas durante unos 5 minutos a 200°, dándoles la vuelta suavemente a mitad de cocción.

Una vez listas, salpimiéntalas generosamente y sírvelas aún calientes y crujientes.
Si lo prefieres, puedes acompañarlas con una rodaja de limón.

¡Que aproveche!

Platos Principales de pescado

Bocaditos de pez espada gratinados

TIEMPO DE PREPARACIÓN
5 Minutos

TEMPO DI COCCION
12 Minutos

PORCIONES
2 Personas

VALORES NUTRICIONALES POR RACIÓN
373 kcal
23 g carbohidratos
37 g proteínas
14 g grasa

Ingredientes

400 g de pez espada
50 g de pan rallado
8-10 tomates cherry
2 cucharaditas de aceite de oliva virgen extra
1 ramita de perejil
Aceitunas negras al gusto
Semillas de sésamo al gusto
Sal fina al gusto

Procedimiento

Empieza cortando el pez espada en trozos del tamaño de un bocado. Lava y corta los tomates cherry por la mitad y colócalos junto con el pez espada y las aceitunas negras en un bol grande.

Condimenta con 2 cucharaditas de aceite evo, un poco de sal, un poco de perejil picado, las semillas de sésamo y, por último, el pan rallado. Mezcla hasta que todos los ingredientes estén bien integrados.

Forra la cesta de la freidora con papel de hornear y coloca todo dentro, procurando que no se superponga demasiado.

Hornea durante unos 10 minutos a 200º hasta que esté bien cocido, removiendo suavemente a mitad de cocción.

¡Que aproveche!

Platos Principales de pescado

Salmón con costra de pistachos

TIEMPO DE PREPARACIÓN
5 Minutos

TEMPO DI COCCION
13 Minutos

PORCIONES
3 Persones

VALORES NUTRICIONALES POR RACIÓN
363 kcal
3 g carbohidratos
30 g proteínas
25 g grasa

Ingredientes

3 lonchas de salmón (unos 150 g por loncha)
Granos de pistacho al gusto
Sal fina al gusto
Aceite de oliva virgen extra al gusto
Pimienta negra al gusto

Procedimiento

En una superficie de trabajo, aliña las rodajas de salmón con aceite, sal y pimienta, teniendo cuidado de sazonar bien todos los lados.

A continuación, coloca los pistachos en un bol y revuelve los trozos de salmón uno a uno, cubriendo los tres lados con los frutos secos, dejando la piel libre.

Coloca el salmón directamente en la cesta de la freidora de aire sin superponerlos.

Rocía unas gotas de aceite con un pulverizador. 3-4 pulverizaciones en cada loncha son suficientes.

Pon en marcha la freidora de aire y cocina durante 11 minutos a 160°. Después sube la temperatura a 180° y cocina durante 2 minutos más para que la costra de pistacho esté perfectamente dorada.

¡Que aproveche!

Platos Principales de pescado

Brochetas de salmón calabacín y tomates cherry

TIEMPO DE PREPARACIÓN
12 Minutos

TEMPO DI COCCION
25 Minutos

PORCIONES
2 Personas

VALORES NUTRICIONALES POR RACIÓN
376 kcal
3 g carbohidratos
39 g proteínas
24 g grasa

Ingredientes

400 g de salmón fresco
1 calabacín
al gusto tomates cherry
4 cucharadas de salsa de soja (opcional)
Semillas de sésamo al gusto
Perejil al gusto
Aceite de oliva virgen extra al gusto
Sal fina al gusto

Nota:
Necesitarás pinchos de madera o acero

Procedimiento

Corta el salmón en dados de unos 3 cm y déjalo marinar en la nevera con una mezcla de salsa de soja, aceite, sal, semillas de sésamo y perejil picado.

Cuanto más tiempo esté en la nevera, más sabor absorberá el salmón.

Mientras tanto, lava los tomates y los calabacines y corta estos últimos en rodajas, también de unos 2-3 cm de grosor.

A continuación, ensarta los calabacines, los tomates y el salmón alternativamente con brochetas de madera.

Hornea a 180° durante unos 15 minutos.

¡Que aproveche!

Platos Principales de pescado

Brochetas de pez espada y calabacín

TIEMPO DE PREPARACIÓN
10 Minutos

TEMPO DI COCCION
15 Minutos

PORCIONES
2 Personas

VALORES NUTRICIONALES POR RACIÓN
127 kcal
2 g carbohidratos
17 g proteínas
4 g grasa

Credit foto: "swordfish & zucchini on rosemary skewers" by jules:stonesoup

Ingredientes

200 g de pez espada
1 calabacín
Zumo de limón al gusto
Aceite de oliva virgen extra al gusto
Perejil al gusto
1 diente de ajo (o en polvo)
Sal fina al gusto

Nota:
Necesitarás pinchos de madera o acero

Procedimiento

Retira la piel del pez espada y córtalo en dados de unos 2-3 cm. Corta los calabacines con una mandolina o cortafiambres lo más finos posible (estos deben enrollarse sin romperse).

Sazona el pez espada con zumo de limón, aceite de oliva, ajo picado (o en polvo), perejil picado y una pizca de sal.

Ensarta el pez espada y los calabacines alternativamente.

Hornea las brochetas a 180° durante unos 15-20 minutos, dándoles la vuelta a mitad de cocción.

Vigila el tiempo de cocción, ya que este depende del tamaño del pez espada y de la potencia de la freidora de aire.

¡Que aproveche!

Platos Principales de pescado

Croquetas de calabacín y patata rellenas de atún

TIEMPO DE PREPARACIÓN
15 Minutos

TEMPO DI COCCION
20 Minutos

PORCIONES
15 Croquetas aprox.

VALORES NUTRICIONALES POR CROQUETA
117 kcal
14 g carbohidratos
8 g proteínas
3 g grasa

Ingredientes

4 patatas medianas
3 calabacines
75 g de pan rallado
120 g de harina
2 huevos
30 g de parmesano
75 g de queso
180 g atún
Sal fina al gusto
Aceite de oliva al gusto
Pimienta negra al gusto
Hierbas aromáticas al gusto

Procedimiento

Lava los calabacines, corta los extremos con un cuchillo y pícalos en una batidora de cuchillas. A continuación, colócalos en un bol grande. Pela las patatas y, al igual que con los calabacines, pícalas con la batidora.

A continuación, mezcla las patatas y los calabacines en el bol. Escurre bien si tienen agua y añade el atún al bol. Sazona con sal, pimienta y hierbas. Mezcla bien y añade el queso parmesano, los huevos y, por último, la harina y el pan rallado poco a poco. Debes obtener una mezcla suave, pero no demasiado.

Pon un poco de la mezcla en la palma de la mano para formar croquetas, coloca una tira de queso en el centro y ciérralas bien. A continuación, páselas por pan rallado.

Coloca las croquetas directamente en la cesta sin papel de horno. Rocíalas con aceite de oliva, enciende la freidora y cocínalas durante unos 8 minutos a 200° C, dándoles la vuelta a mitad de cocción.
¡Que aproveche!

Platos Principales de pescado

Lubina al horno

TIEMPO DE PREPARACIÓN
5 Minutos

TEMPO DI COCCION
20 Minutos

PORCIONES
2 Personas

VALORES NUTRICIONALES POR RACIÓN
133 kcal
3 g carbohidratos
15 g proteínas
12 g grasa

Ingredientes

2 filetes de lubina
4 tomates cherry
8 aceitunas negras sin hueso
Sal fina al gusto
Aceite de oliva al gusto

Procedimiento

Coloca los filetes sobre abundante papel de aluminio, aliña la lubina con aceite, sal, tomates cherry cortados en 4 y aceitunas negras.

Cierra el papel de aluminio formando una lámina y colócalo en la cesta de aire precalentado.

Ponlo en la freidora de aire durante unos 20-25 minutos a 170°.

Sirve los filetes abriendo el papel de aluminio y disfruta de una lubina deliciosa y super tierna.

Los tiempos de cocción varían según el tamaño de los filetes y el modelo de la freidora de aire.

¡Que aproveche!

Platos Principales de pescado

Bacalao empanado y frito

TIEMPO DE PREPARACIÓN
10 Minutos

TEMPO DI COCCION
10 Minutos

PORCIONES
3 Personas

VALORES NUTRICIONALES POR RACIÓN
170 kcal
15 g carbohidratos
21 g proteínas
3 g grasa

Ingredientes

3 corazones de bacalao
3 cucharadas de harina
3 cucharadas de pan rallado
1 huevo
Aceite de oliva virgen extra al gusto
Sal fina al gusto

Procedimiento

Descongela los corazones de bacalao y sécalos con papel absorbente.

Pásalos primero por harina, luego por huevo batido y, por último, por pan rallado. Obtendrás un empanado supercrujiente.

Coloca los corazones de bacalao empanados en la cesta y rocíalos con aceite de oliva.

Hornea durante unos 10 minutos a 180°, dándoles la vuelta a la mitad.

Si es necesario, prolonga el tiempo de cocción hasta que estén bien cocidos.

Añade una pizca de sal y sirve con patatas fritas.

¡Que aproveche!

Platos Principales de pescado

Sepia gratinada con limón

TIEMPO DE PREPARACIÓN
10 Minutos

TEMPO DI COCCION
12 Minutos

Credit foto: "#dinner seppie ripieni" by judywitts

PORCIONES
3 Personas

VALORES NUTRICIONALES POR RACIÓN
150 kcal
2 g carbohidratos
15 g proteínas
10 g grasa

Ingredientes

300 g de sepia
3 cucharaditas de aceite de oliva virgen extra
Pan rallado al gusto
Sal fina al gusto
Perejil al gusto
Cáscara y zumo de 2 limones

Procedimiento

Lava y limpia las sepias bajo el grifo y sécalas con papel absorbente.

Prepara el pan rallado con limón en un bol.
Añade el pan rallado, la ralladura y el zumo de 2 limones, el perejil picado y el aceite de oliva.

Añade el pan rallado aromatizado a la sepia. Remueve hasta que todos los condimentos estén bien mezclados.

Engrasa ligeramente la cesta con aceite y coloca la sepia.

Hornea durante unos 12-15 minutos a 180°, removiendo suavemente a mitad de cocción.

Si es necesario, prolonga el tiempo de cocción unos minutos más.

¡Que aproveche!

Platos Principales de pescado

Albóndigas de atún

TIEMPO DE PREPARACIÓN
10 Minutos

TEMPO DI COCCION
20 Minutos

PORCIONES
3 Personas

VALORES NUTRICIONALES POR RACIÓN
350 kcal
2 g carbohidratos
35 g proteínas
22 g grasa

Ingredientes

360 g de atún en aceite (o en agua)
200 g de queso Philadelphia
30 g de queso parmesano
2 huevos
1 ramita de perejil
Pan rallado al gusto

Procedimiento

Mezcla el atún escurrido y el queso philadelphia en un bol, después añade los huevos, el perejil picado, el queso parmesano y el pan rallado.

Mezcla hasta que quede homogéneo.

Si es necesario añade más pan rallado.

Forma las albóndigas con las manos y pásalas por el pan rallado.

Hornea durante unos 20 minutos a 200° C hasta que estén doradas.

Que aproveche.

Valores nutricionales

Platos Principales de pescado

Nuggets de bacalao frito

TIEMPO DE PREPARACIÓN
10 Minutos

TEMPO DI COCCION
12 Minutos

PORCIONES
3 Personas

VALORES NUTRICIONALES POR RACIÓN
72 kcal
2 g carbohidratos
14 g proteínas
1 g grasa

Ingredientes

250 g de bacalao
1 ramita de perejil
Leche al gusto
Pan rallado al gusto
Aceite de oliva virgen extra al gusto

Procedimiento

Primero enjuaga el bacalao bajo el agua y quítale la piel con un cuchillo o si puedes, arráncala.

Córtalo en trozos y sumérgelo primero en la leche y luego en la mezcla de pan rallado y perejil picado.

Continúa hasta completar el bacalao.

Colócalo en la cesta y rocía con unas gotas de aceite.

Hornea durante unos 12 minutos a 200° hasta que esté dorado, teniendo cuidado de darle la vuelta a mitad de cocción.

¡Que aproveche!

Platos Principales de pescado

Sepia rellena

TIEMPO DE PREPARACIÓN
10 Minutos

TEMPO DI COCCION
20 Minutos

PORCIONES
2 Raciones

VALORES NUTRICIONALES POR RACIÓN
415 kcal
31 g carbohidratos
21 g proteínas
22 g grasa

Ingredientes	Procedimiento

Ingredientes

4 sepias medianas
8 cucharadas de queso parmesano rallado
8 cucharadas de pan rallado
1 diente de ajo
2 cucharadas de aceite de oliva virgen extra
q.b. Pimienta negra
al gusto Aceite de oliva
al gusto Perejil

Procedimiento

Lavar y limpiar la sepia bajo el grifo, retirar la cabeza y los tentáculos y reservar el cuerpo central.

Quitar la boca y picar los tentáculos.

Hacer una mezcla de pan rallado, queso parmesano, perejil y ajo picados, pimienta y los tentáculos troceados.

Rellena las sepias con el relleno y ciérralas con ayuda de palillos de madera.

Hornear los primeros 15 minutos a 200°, luego otros 5 minutos bajando a 170°.

Los tiempos pueden variar ligeramente dependiendo del modelo de su freidora de aire.

¡Que aproveche!

Platos Principales de pescado

Gambas en freidora

TIEMPO DE PREPARACIÓN
10 Minutos

TEMPO DI COCCION
12 Minutos

PORCIONES
3 Raciones

VALORES NUTRICIONALES POR RACIÓN
109 kcal
0 g carbohidratos
22 g proteínas
2 g grasa

Ingredientes

300 g de gambas
1/2 vaso de vino blanco
al gusto Aceite de oliva virgen extra
1 diente de ajo
al gusto Sal fina
al gusto Perejil

Procedimiento

Enjuague los langostinos y retire el intestino negro, simplemente haga un corte en la parte posterior de los langostinos, levántelo ligeramente y sáquelo con un palillo.

A continuación, coloque las gambas en una sartén/molde adecuado al tamaño de su freidora de aire y sazónelas con aceite de oliva, medio vaso de vino blanco, ajo picado, una pizca de sal y perejil fresco picado.

Cocerlas durante unos 12 minutos a 180°, removiendo a mitad de cocción.

Comprobar que están cocidos antes de servir.
Si es necesario, prolongue el tiempo de cocción unos minutos.

¡Que aproveche!

Platos Principales de pescado

Brochetas de gambas y calabacín

TIEMPO DE PREPARACIÓN
10 Minutos

TEMPO DI COCCION
10 Minutos

PORCIONES
2 Raciones

VALORES NUTRICIONALES POR RACIÓN
105 kcal
8 g carbohidratos
8 g proteínas
4 g grasa

Ingredientes

300 g de gambas
1 calabacín grande
2 Huevos
al gusto Aceite de oliva virgen extra
al gusto Migas de pan
al gusto Zumo de limón
al gusto Sal fina
al gusto Pimienta negra

Procedimiento

Limpiar las gambas del caparazón exterior y quitarles los intestinos, y marinarlas en aceite de oliva, zumo de limón, pimienta y una pizca de sal.

A continuación, lavar el calabacín y quitarle las puntas. Hacer rodajas muy finas con una mandolina (las rodajas deben enrollarse sin romperse).

El siguiente paso es enrollar cada gamba con una rodaja de calabacín y ensartarlas en una brocheta.

Pasar las brochetas por huevo batido, luego por pan rallado y hornear durante unos 10 minutos a 200°, asegurándose de que las gambas estén cocidas antes de servir.

¡Que aproveche!

Platos Principales de pescado

Mejillones gratinados

TIEMPO DE PREPARACIÓN
20 Minutos

TEMPO DI COCCION
8 Minutos

PORCIONES
3 Raciones

VALORES NUTRICIONALES POR RACIÓN
180 kcal
13 g carbohidratos
17 g proteínas
4 g grasa

Ingredientes

300 g Mejillones
50 g de pan rallado
1 ramita de perejil
1 diente de ajo
al gusto Aceite de oliva virgen extra

Procedimiento

En primer lugar, limpie los mejillones tanto por fuera como sacando la "cuerda" interior.

A continuación, abre los mejillones con un cuchillo pequeño, con cuidado de no cortarte.

Una vez que estén todos abiertos, colóquelos boca arriba en una bandeja de horno o directamente en la cesta.

Ahora prepara el pan rallado, añade el pan rallado, el perejil y el ajo picado.
Mezclar bien y luego cubrir los mejillones con el pan rallado.

Por último, pulveriza unas gotas de aceite evo con un pulverizador o spray de aceite.
Cocerlos a 200° durante unos 8 minutos.

¡Que aproveche!

GUARNICIÓN DE VERDURAS

Guarnición de Verduras

Verduras en dados

TIEMPO DE PREPARACIÓN
10 Minutos

TEMPO DI COCCION
12 Minutos

PORCIONES
3 Raciones

VALORES NUTRICIONALES POR RACIÓN
113 kcal
13 g carbohidratos
4 g proteínas
4 g grasa

Ingredientes

2 berenjenas largas
2 Pimientos (rojo, amarillo, verde)
2 calabacines largos
2 cucharaditas de aceite de oliva virgen extra
al gusto sal fina
al gusto Hierbas

Procedimiento

Lava todas las verduras bajo el grifo y sécalas con un paño limpio. Quitar los extremos de los calabacines y las berenjenas. Córtalos en dados pequeños.

Retirar el pedúnculo central y las semillas de los pimientos y cortarlos en trozos del mismo tamaño que las berenjenas y los calabacines.

Coloca todas las verduras en un bol y condiméntalas con sal, aceite de oliva y algunas hierbas picadas a tu gusto.
Mezclar bien para que todas las verduras se sazonen uniformemente. Engrase ligeramente la cesta de la freidora y coloque en ella las verduras cortadas en dados.

Encender y cocer durante unos 10-12 minutos a 200°, dándoles la vuelta de vez en cuando.
¡Que aproveche!

Guarnición de Verduras

Coles de Bruselas gratinadas

TIEMPO DE PREPARACIÓN
5 Minutos

TEMPO DI COCCION
8 Minutos

PORCIONES
2 Raciones

VALORES NUTRICIONALES POR RACIÓN
113 kcal
13 g carbohidratos
4 g proteínas
4 g grasa

Ingredientes

200 g de coles de Bruselas
al gusto Migas de pan
al gusto aceite de oliva virgen extra
al gusto Sal fina
al gusto Ajo en polvo

Procedimiento

Lavar bien las coles de Bruselas, cortarlas en 4 y dejarlas secar sobre papel absorbente.

Mientras tanto preparar el pan rallado, combinar el pan rallado, la sal y el ajo en polvo.

Se rebozan poco a poco en pan rallado y se introducen en la freidora de aire.

Untarlas en la superficie con unas gotas de aceite de oliva y cocinarlas durante unos 8 minutos a 200°, dándoles la vuelta suavemente a mitad de cocción.

Al hacerlo, quedarán mucho más sabrosas gracias al pan rallado, que las hará crujientes y sabrosas.

¡Que aproveche!

Guarnición de Verduras

Berenjenas al horno

TIEMPO DE PREPARACIÓN
10 Minutos

TEMPO DI COCCION
15 Minutos

PORCIONES
4 Raciones

VALORES NUTRICIONALES POR RACIÓN
70 kcal
7 g carbohidratos
2 g proteínas
3 g grasa

Ingredientes

2 berenjenas
al gusto Migas de pan
al gusto queso parmesano rallado
al gusto aceite de oliva virgen extra
al gusto sal fina

Procedimiento

Lavar las berenjenas y secarlas con papel absorbente. Cortar las berenjenas por la mitad a lo largo sin cortar los extremos y trincharlas suavemente con un cuchillo, formando un tablero de ajedrez, pero sin llegar a cortarlas del todo.

Untar la superficie de las berenjenas con aceite de oliva y espolvorear la mezcla de pan rallado y queso parmesano rallado por toda la superficie, incluso en las hendiduras creadas por los cortes.
Colocar las berenjenas en la cesta.

Rocíe la superficie con unas gotas más de aceite evo con un pulverizador.

Encender y hornear las berenjenas unos 15 minutos a 150º, los últimos minutos, una vez cocidas, subir a 200º para terminar de gratinar.

¡Que aproveche!

Guarnición de Verduras

Patatas en rodajas con bacon y romero

TIEMPO DE PREPARACIÓN
15 Minutos

TEMPO DI COCCION
12 Minutos

PORCIONES
3 Raciones

VALORES NUTRICIONALES POR RACIÓN
224 kcal
36 g carbohidratos
7 g proteínas
6 g grasa

Ingredientes

6 patatas medianas
50 g de bacon (en tiras)
1 ramita de romero
al gusto Aceite de oliva virgen extra
al gusto Sal fina

Procedimiento

Pelar las patatas y cortar cada patata en 2 partes haciendo un corte largo. A continuación, córtelos en trozos no demasiado grandes.

Enjuagar las patatas y ponerlas en remojo en agua fría durante unos 15 minutos. De este modo se elimina el exceso de almidón y se obtienen patatas crujientes por fuera y blandas por dentro.

Escúrralas y séquelas con papel de cocina. Poner las patatas en un bol y aliñarlas con aceite de oliva, tiras de bacon, sal y romero. Mezcla todos los ingredientes y espárcelos por la cesta.

Hornéelos durante 10-12 minutos a 180 grados. Compruebe si las patatas están cocidas pinchándolas con una brocheta o un tenedor, deben estar blandas por dentro.

¡Que aproveche!

Guarnición de Verduras

Patatas con ajo, aceite y guindilla

TIEMPO DE PREPARACIÓN
10 Minutos

TEMPO DI COCCION
10 Minutos

PORCIONES
4 Raciones

VALORES NUTRICIONALES POR RACIÓN
177 kcal
27 g carbohidratos
3 g proteínas
6 g grasa

Ingredientes

600 g Patatas
3 dientes de ajo
3 ramitas de romero
4 cucharaditas de aceite de oliva virgen extra
al gusto Guindilla (molida o en polvo)
al gusto Sal fina

Nota:
Evalúe bien de antemano la capacidad de su freidora de aire, puede que necesite dividir la cocción en dos.

Procedimiento

Pelar las patatas, cortarlas en gajos y ponerlas en remojo en agua fría durante al menos 15 minutos para eliminar el exceso de almidón.

A continuación, escúrralas y séquelas con papel de cocina.

Ahora prepara el condimento: pica la guindilla, el ajo y las agujas de romero.
Colocar las patatas en un bol y aliñarlas con la mezcla preparada anteriormente y el aceite de oliva.

Extender las patatas directamente en la cesta de la freidora de aire y hornear durante 8-10 minutos a 200°, dependiendo del tamaño de las cuñas de patata.
A mitad de cocción, darles la vuelta para una cocción óptima.

¡Que aproveche!

Guarnición de Verduras

Patatas fritas

TIEMPO DE PREPARACIÓN
10 Minutos

TEMPO DI COCCION
15 Minutos

PORCIONES
2 Raciones

VALORES NUTRICIONALES POR RACIÓN
177 kcal
27 g carbohidratos
3 g proteínas
6 g grasa

Ingredientes

300 g Patatas
1 cucharada de aceite de oliva virgen extra
al gusto Sal fina

Procedimiento

Lavar y pelar las patatas, cortarlas a lo largo de 1 cm de grosor aproximadamente.

Sumérgelas en agua fría y déjalas unos minutos (si puedes, déjalas 30 minutos para que suelten el almidón).

A continuación, escúrralos y séquelos con un paño limpio. Ponerlas en un bol y aliñarlas con aceite de oliva y sal.

Remuévalos bien y, a continuación, introdúzcalos en la freidora de aire y cocínelos durante unos 15-20 minutos a 200°, dándoles la vuelta de vez en cuando.

Disfruta de las patatas fritas con muchos segundos de este recetario. ¡Sus hijos no podrán prescindir de ellos!

¡Que aproveche!

Guarnición de Verduras

Alcachofas gratinadas

TIEMPO DE PREPARACIÓN
10 Minutos

TEMPO DI COCCION
20 Minutos

PORCIONES
2 Raciones

VALORES NUTRICIONALES POR RACIÓN
226 kcal
10 g carbohidratos
15 g proteínas
11 g grasa

Ingredientes

3 Alcachofas
2 Huevos
al gusto Migas de pan
al gusto queso parmesano rallado
al gusto aceite de oliva virgen extra
al gusto Sal fina

Procedimiento

En primer lugar, limpiar las alcachofas quitándoles las hojas exteriores y el tallo largo. Cortar las puntas superiores de la alcachofa, abrirla por la mitad y retirar la "barbette" central.

A continuación, corta cada alcachofa en 8 gajos. Escaldarlas en agua hirviendo con sal durante unos 10 minutos hasta que estén blandas. Mientras tanto, preparar el pan rallado combinando el pan rallado y el queso parmesano rallado.

Una vez escurridas y dejadas enfriar, pasar las alcachofas por los huevos batidos una a una y después por el pan rallado.

Colocar las alcachofas en la cesta ligeramente engrasada con aceite evo y encender la freidora, cocinarlas durante unos 8 minutos a 200°, dándoles la vuelta a mitad de cocción.
Finalmente se sazonan con una pizca de sal y se sirven calientes y crujientes.

¡Que aproveche!

Guarnición de Verduras

Patatas Hasselback

TIEMPO DE PREPARACIÓN
10 Minutos

TEMPO DI COCCION
30 Minutos

PORCIONES
2 Raciones

VALORES NUTRICIONALES POR RACIÓN
113 kcal
13 g carbohidratos
4 g proteínas
4 g grasa

Ingredientes

2 patatas uniformes del mismo tamaño
2 cucharadas de aceite de oliva virgen extra
al gusto Tomillo
al gusto Sal fina

Procedimiento

Lavar bien las patatas y pincharlas a 1 cm de la base con una brocheta de madera.

Hacer muchos cortes de 1 cm aproximadamente hasta la brocheta, para que se abran como un acordeón. Después de cortarlas, retirar la brocheta y aliñar con aceite de oliva, sal y tomillo.

Asegúrese de abrir bien las rodajas y sazónelas para que el condimento penetre en el interior.

Colóquelos en la cesta y hornéelos durante unos 35 minutos a 180°.

El tiempo de cocción depende principalmente del tamaño de las patatas y del grosor de las rodajas.
Así que vigila el tiempo de cocción para evitar que se quemen.

¡Que aproveche!

Guarnición de Verduras

Chalotes gratinados

TIEMPO DE PREPARACIÓN
10 Minutos

TEMPO DI COCCION
20 Minutos

PORCIONES
3 Raciones

VALORES NUTRICIONALES POR RACIÓN
103 kcal
12 g carbohidratos
2 g proteínas
5 g grasa

Ingredientes

6 chalotas
5 cucharadas de pan rallado
3 cucharaditas de aceite de oliva virgen extra
al gusto sal fina
al gusto Hierbas aromáticas

Procedimiento

Pelar y cortar en rodajas gruesas las chalotas.

Mezcle en un bol el pan rallado, la sal, las hierbas picadas de su elección y el aceite de oliva.

Cubrir las rodajas de chalota con el pan rallado.

Colóquelas en la cesta cubierta con papel de horno y rocíe unas gotas más de aceite evo.

Hornear unos 20 minutos a 180° hasta que el pan rallado esté completamente dorado.
Manténgalos bajo control para evitar que se quemen.

Si las prefiere aún más crujientes, aumente la cantidad de pan rallado y, si es necesario, déjelas cocer unos minutos más.

¡Que aproveche!

Guarnición de Verduras

Pimientos gratinados

TIEMPO DE PREPARACIÓN
5 Minutos

TEMPO DI COCCION
20 Minutos

PORCIONES
2 Raciones

VALORES NUTRICIONALES POR RACIÓN
200 kcal
19 g carbohidratos
3 g proteínas
12 g grasa

Ingredientes

1 Pimiento rojo
1 Pimiento amarillo
25 g de pan rallado
10 aceitunas negras sin hueso
1 ramita de perejil
1 puñado de alcaparras
al gusto Aceite de oliva virgen extra
al gusto sal fina

Procedimiento

Lavar los pimientos y retirar el pedúnculo central y las semillas.
Córtalas en tiras de medio centímetro de grosor y colócalas en un bol.

Añadir las aceitunas, una pizca de sal, perejil picado, alcaparras, pan rallado y unas gotas de aceite de oliva.

Remueva para mezclar todos los ingredientes y colóquelos en la cesta de la freidora de aire.

Hornéelos a 180° durante unos 20 minutos, removiendo de vez en cuando.
Vigila el tiempo de cocción porque puede variar en función de su tamaño y del modelo de freidora.

Los pimientos gratinados son una excelente guarnición para acompañar muchos platos de carne. Elige tu combinación favorita.
¡Que aproveche!

Guarnición de Verduras

Palitos de boniato

TIEMPO DE PREPARACIÓN
5 Minutos

TEMPO DI COCCION
15 Minutos

PORCIONES
1 Raciones

VALORES NUTRICIONALES POR RACIÓN
221 kcal
36 g carbohidratos
4 g proteínas
7 g grasa

Ingredientes

1 Boniato
1 cucharadita de aceite de oliva virgen extra
al gusto Sal fina
al gusto Pimentón
al gusto Pimienta negra

Procedimiento

En primer lugar, pela el boniato y córtalo en bastones de aproximadamente 1 cm de grosor.

Intenta que todos los palitos tengan el mismo tamaño para que todos se cocinen por igual.

Colocar los palitos en un bol y aliñarlos con aceite de oliva, sal, pimienta y pimentón.

Mézclelos bien, colóquelos en la freidora de aire y cocínelos durante unos 15 minutos a 200°, dándoles la vuelta de vez en cuando hasta que se doren.

Ahora sólo queda ajustar las raciones en función del número de comensales.

¡Que aproveche!

Guarnición de Verduras

Espárragos envueltos en jamón

TIEMPO DE PREPARACIÓN
5 Minutos

TEMPO DI COCCION
12 Minutos

PORCIONES
2 Raciones

VALORES NUTRICIONALES POR RACIÓN
157 kcal
2 g carbohidratos
23 g proteínas
6 g grasa

Ingredientes

10 Espárragos
10 lonchas de jamón crudo
al gusto Aceite de oliva virgen extra
al gusto Pimienta negra

Procedimiento

En primer lugar, precaliente la freidora de aire a 150° y, a continuación, limpie los espárragos retirando los tallos y la carne exterior con un pelador.

A continuación, sazónelas con aceite de evo, sal y pimienta.

Envuelve cada espárrago con una loncha de jamón serrano y colócalos en la cesta.

Hornéelos durante 12 minutos a 150°.

Si es necesario, prolongar la cocción unos minutos más hasta que se dore por completo.

Disfruta de los espárragos en esta versión súper sabrosa gracias al crujiente del prosciutto crudo.
¡Pruébalos también con bacon o panceta ahumada!

¡Que aproveche!

Guarnición de Verduras

Pastel de espinacas y patatas

TIEMPO DE PREPARACIÓN
10 Minutos

TEMPO DI COCCION
15 Minutos

PORCIONES
4 Personas

VALORES NUTRICIONALES POR RACIÓN
83 kcal
10 g carbohidratos
6 g proteínas
2 g grasa

Ingredientes

200 g de espinacas cocidas
200 g de patatas cocidas
1 huevo
Queso parmesano rallado al gusto
Nuez moscada al gusto
Pimienta negra al gusto
Sal fina al gusto

Procedimiento

Tritura las patatas con un pasapurés, pica las espinacas con un cuchillo o una batidora, mezcla en un cuenco y, a continuación, añade el huevo, una pizca de sal y una ralladura de pimienta, un puñado de queso parmesano y la nuez moscada.

Mezcla bien todos los ingredientes y, a continuación, pásalos a un molde de aluminio ligeramente engrasado.

Colócalo plano y espolvorea la superficie con queso parmesano rallado.

Hornea la tarta durante 15 minutos a 200° hasta que esté dorada.

¡Que aproveche!

Guarnición de Verduras

Calabaza frita

TIEMPO DE PREPARACIÓN
5 Minutos

TEMPO DI COCCION
8 Minutos

PORCIONES
3 Personas

VALORES NUTRICIONALES POR RACIÓN
48 kcal
4 g carbohidratos
1 g proteínas
3 g grasa

Ingredientes

300 g de calabaza
2 cucharaditas de aceite de oliva virgen extra
Hierbas aromáticas al gusto
Sal fina al gusto

Procedimiento

En primer lugar, limpia la calabaza quitándole la piel exterior y, a continuación, corta rodajas finas con una mandolina de unos 2 milímetros de grosor.

Engrasa la cesta de la freidora y coloca las rodajas de calabaza en la cesta de la freidora de aire.

Rocía las rodajas de calabaza con el pulverizador o úntalas con un poco de aceite utilizando un pincel de cocina. Sazónalas con una pizca de sal y hierbas al gusto.

Enciende la freidora de aire y cocina durante 4 minutos a 200°. Dales la vuelta y rocíalos con más aceite.

Continúa la cocción durante otros 4 minutos hasta que estén blandas.

¡Que aproveche!

Guarnición de Verduras

Albondigas de coliflor

TIEMPO DE PREPARACIÓN
10 Minutos

TEMPO DI COCCION
15 Minutos

PORCIONES
3 Personas

VALORES NUTRICIONALES POR RACIÓN
148 kcal
7 g carbohidratos
12 g proteínas
8 g grasa

Ingredientes

200 g de coliflor hervida
6 aceitunas negras sin hueso
3 anchoas en aceite
1 huevo
2 cucharadas de harina
2 cucharadas de queso parmesano rallado
Pan rallado al gusto
Una cucharadita de aceite de oliva virgen extra
Ajo en polvo al gusto
Sal fina al gusto

Procedimiento

Machaca la coliflor hervida con un tenedor, pica las aceitunas y las anchoas y añádelas al puré de coliflor.

Añade el huevo, el ajo en polvo, una pizca de sal, el queso parmesano y la harina. Mezcla bien todos los ingredientes y forma bolas con las manos.

Pásalas por pan rallado y colócalas en la cesta. Rocía unas gotas de aceite con un pulverizador o spray de aceite.

Cocina las albóndigas durante unos 15 minutos a 180°, dándoles la vuelta a mitad de cocción.

Vigila el tiempo de cocción porque varía según el modelo de la freidora de aire.

¡Que aproveche!

Guarnición de Verduras

Rosti de patata

TIEMPO DE PREPARACIÓN
5 Minutos

TEMPO DI COCCION
10 Minutos

PORCIONES
2 Personas

VALORES NUTRICIONALES POR RACIÓN
132 kcal
27 g carbohidratos
3 g proteínas
1 g grasa

Ingredientes

3 patatas grandes
Sal fina al gusto
Cebollino al gusto
Pimienta negra al gusto

Procedimiento

Pela las patatas y córtalas en juliana con un rallador de agujeros grandes.

A continuación, aliña con una pizca de aceite de oliva, sal, pimienta y cebollino picado.

Remueve bien para mezclar todos los ingredientes y, a continuación, utiliza un cortapastas de unos 6-8 cm para crear los rostì sobre papel de horno.

Coloca los rostì sin superponerlos en una freidora de aire y cocínalos a 200° durante unos 10 minutos.

Si es necesario, prolonga la cocción unos minutos más. Puedes servirlos calientes o fríos según tus preferencias.

¡Que aproveche!

Guarnición de Verduras

Brochetas de verduras mixtas

TIEMPO DE PREPARACIÓN
10 Minutos

TEMPO DI COCCION
12 Minutos

PORCIONES
2 Personas

VALORES NUTRICIONALES POR RACIÓN
147 kcal
16 g carbohidratos
3 g proteínas
6 g grasa

Ingredientes

2 Calabacines
10 tomates cherry
1 pimiento morrón
1 patata
Sal fina al gusto
Ajo/cebolla en polvo al gusto
Aceite de oliva virgen extra al gusto

Nota:
Necesitarás pinchos de madera o acero

Procedimiento

Lava y pela la patata, después lava los tomates cherry, los calabacines y el pimiento.

Corta todas las verduras en trozos no demasiado gruesos y sazónalas en un bol con aceite de oliva, sal y ajo/cebolla en polvo.

Mezcla bien para sazonarlas uniformemente.

A continuación, ensarta las brochetas de madera o acero, alternando las verduras entre sí hasta acabar con todos los ingredientes.

Coloca las brochetas en la freidora de aire precalentada y cocínalas a 180° durante unos 12 minutos.

Puedes sustituir o añadir otras verduras a su gusto.

¡Que aproveche!

Guarnición de Verduras

Champiñones empanados y fritos

TIEMPO DE PREPARACIÓN
10 Minutos

TEMPO DI COCCION
8 Minutos

PORCIONES
3 Personas

VALORES NUTRICIONALES POR RACIÓN
376 kcal
43 g carbohidratos
21 g proteínas
12 g grasa

Ingredientes

600 g de setas Pleurotus (o la calidad que prefiera)
3 huevos
120 g de pan rallado
75 g de queso parmesano rallado
Hierbas aromáticas al gusto
Aceite de oliva virgen extra al gusto
Sal fina al gusto

Procedimiento

Quita los tallos y limpia suavemente los champiñones con un paño húmedo y un cepillo de limpieza adecuado.

A continuación, pásalos por los huevos batidos y después por la mezcla de pan rallado, queso parmesano rallado, hierbas picadas y una pizca de sal.

Si lo prefieres, puede repetir el mismo paso para un segundo rebozado de pan rallado.

A continuación, coloca los champiñones en la cesta y úntalos con unas gotas de aceite evo.

Hornéalos durante unos 8 minutos a 200°, dándoles la vuelta a la mitad.

Disfrútalos calientes y crujientes.

¡Que aproveche!

Guarnición de Verduras

Chips de calabacín

TIEMPO DE PREPARACIÓN
5 Minutos

TEMPO DI COCCION
5 Minutos

PORCIONES
3 Personas

VALORES NUTRICIONALES POR RACIÓN
42 kcal
1 g carbohidratos
1 g proteínas
3 g grasa

Ingredientes

3 calabacines
Sal fina al gusto
Aceite de oliva virgen extra al gusto
Pimienta negra al gusto

Nota:
Necesitarás pinchos de madera o acero

Procedimiento

Lava los calabacines y quítales los extremos, con ayuda de una mandolina, córtalos en rodajas finas de unos milímetros.

Una vez cortados, alíñalos con aceite de oliva y una pizca de sal, y ensartarlos en las brochetas, dejando un poco de espacio entre cada rodaja.

Colócalas en la freidora de aire sin superponerlas y cocínalas a 200° durante unos 5 minutos hasta que se doren.

Si es necesario, prolonga la cocción unos minutos más.

Los chips de calabacín son perfectos para tomar como aperitivo o como acompañamiento de un plato principal.

¡Que aproveche!

Guarnición de Verduras

Palitos de verduras fritas

TIEMPO DE PREPARACIÓN
10 Minutos

PORCIONES
2 Personas

VALORES NUTRICIONALES POR RACIÓN
78 kcal
7 g carbohidratos
6 g proteínas
3 g grasa

TEMPO DI COCCION
6 Minutos

Ingredientes

1 calabacín
1 zanahoria
1 berenjena
1 huevo
Harina al gusto
Sal fina al gusto
Aceite de oliva virgen extra al gusto

Procedimiento

Lava y limpia las verduras, córtalas longitudinalmente en bastones de hasta medio centímetro de grosor.

Pásalas por huevo batido y luego por harina.

Colócalas en la freidora de aire sin superponerlas demasiado y rocíalas unas gotas de aceite evo con un pulverizador o utilizando aceite en spray.

Cuece a 200° durante unos minutos.
Echa sal antes de servir.

Los palitos de verduras también se pueden utilizar para acompañar un segundo plato.

Puedes sustituir las verduras por lo que más te guste.

¡Que aproveche!

Guarnición de Verduras

Tomates gratinados con hierbas

TIEMPO DE PREPARACIÓN
10 Minutos

TEMPO DI COCCION
6 Minutos

PORCIONES
3 Personas

VALORES NUTRICIONALES POR RACIÓN
157 kcal
27 g carbohidratos
4 g proteínas
4 g grasa

Ingredientes

3 tomates redondos
100 g de pan rallado
2 cucharaditas de aceite de oliva virgen extra
Hierbas aromáticas (perejil, albahaca, menta, tomillo) al gusto
Sal fina al gusto

Procedimiento

Lava bien los tomates, quítales el pedúnculo y sécalos. Córtalos horizontalmente en dos partes iguales y ahuécalos retirando toda la pulpa.

Sécalos con papel absorbente y colócalos boca abajo sobre una tabla de cortar para eliminar el exceso de agua de vegetación. Ahora prepara el pan rallado de hierbas:

Pica finamente tus hierbas favoritas y añádelas al pan rallado con una pizca de sal y mezcla todo. Rellena los tomates con el pan rallado y rocía unas gotas de aceite.

Después de colocar los tomates en la cesta de la freidora de aire, enciéndela y cocínalos durante 6 minutos a 200° hasta que estén completamente gratinados.

Si prefieres un gratinado más crujiente y dorado, déjalos cocer unos minutos más.

¡Que aproveche!

Guarnición de Verduras

Dados de berenjena con tomates cherry y cebolla tropea

TIEMPO DE PREPARACIÓN
10 Minutos

TEMPO DI COCCION
14 Minutos

PORCIONES
2 Personas

VALORES NUTRICIONALES POR RACIÓN
73 kcal
8 g carbohidratos
2 g proteínas
3 g grasa

Ingredientes

1 berenjena
5 tomates cherry
1/2 cebolla roja Tropea
2 hojas de albahaca
Pan rallado al gusto
Queso parmesano rallado al gusto
Aceite de oliva virgen extra al gusto
Sal fina al gusto

Procedimiento

Lava la berenjena, quítale los dos extremos y córtala en dados de 1 cm aproximadamente. Lava los tomates cherry y córtalos en 4. A continuación, coge la cebolla y córtala en rodajas finas.

Pon todo en un bol y alílalo con 2 cucharaditas de aceite y una pizca de sal.

En otro bol, mezcla el queso parmesano rallado, el pan rallado y las hojas de albahaca picadas.

Forra la cesta con papel de horno y coloca en ella las verduras sin solaparlas demasiado. A continuación, espolvorea la superficie con el pan rallado de parmesano.

Rocia unas gotas de aceite y hornea durante 12 minutos a 200° sin remover.

¡Que aproveche!

Guarnición de Verduras

Patatas fritas en freidora de aire

TIEMPO DE PREPARACIÓN
5 Minutos

TEMPO DI COCCION
10 Minutos

PORCIONES
3 Personas

VALORES NUTRICIONALES POR RACIÓN
176 kcal
30 g carbohidratos
3 g proteínas
5 g grasa

Ingredientes

5 patatas medianas
2 cucharaditas de aceite de oliva virgen extra
Hierbas aromáticas al gusto
Sal fina al gusto

Procedimiento

Pela las patatas y córtalas en rodajas de 2 mm de grosor. Pon las patatas en remojo y déjalas unos 10-15 minutos para que suelten el almidón y queden más crujientes (puedes saltarte este paso si lo deseas).

Escurre bien las patatas y alíñalas con el aceite de oliva, sal fina y hierbas picadas a su gusto.

Mezcla con las manos para sazonar todas las patatas por igual y distribuir el condimento.

Engrasa la cesta de tu freidora con aceite de oliva y coloca las patatas sin solaparlas demasiado.

Cocina durante 8-10 minutos a 200°, removiendo de vez en cuando.

¡Que aproveche!

Guarnición de Verduras

Pimientos asados

TIEMPO DE PREPARACIÓN
5 Minutos

TEMPO DI COCCION
20 Minutos

PORCIONES
2 Personas

VALORES NUTRICIONALES POR RACIÓN
116 kcal
19 g carbohidratos
3 g proteínas
3 g grasa

Ingredientes

3 pimientos
Sal fina al gusto
Perejil al gusto
Aceite de oliva virgen extra al gusto

Procedimiento

Lava bien los pimientos y sécalos con papel absorbente. Unta los pimientos con aceite de oliva por todos los lados y colócalos en la cesta de la freidora de aire.

Cocina durante 18-20 minutos a 200°, dándoles la vuelta un par de veces.

Te darás cuenta de que están listos cuando los toques y estén blandos.

En este punto, los pimientos asados están listos para pelarlos, quítales los tallos y las semillas y alíñalos con aceite, sal y perejil picado.

Un método para pelar los pimientos rápidamente es meterlos aún calientes en bolsas de congelación, y en 5 minutos la piel se desprenderá inmediatamente.

¡Que aproveche!

Guarnición de Verduras

Milhojas de patata con queso parmesano y bacon

TIEMPO DE PREPARACIÓN
20 Minutos

TIEMPO DE COCCIÓN
15 Minutos

PORCIONES
3 Personas

VALORES NUTRICIONALES POR RACIÓN
346 kcal
36 g carbohidratos
15 g proteínas
16 g grasa

Ingredientes

200 g de espinacas cocidas
200 g de patatas cocidas
1 huevo
Queso parmesano rallado al gusto
Nuez moscada al gusto
Pimienta negra al gusto
Sal fina al gusto

Procedimiento

Tritura las patatas con un pasapurés, pica las espinacas con un cuchillo o una batidora, mezcla en un cuenco y, a continuación, añade el huevo, una pizca de sal y una ralladura de pimienta, un puñado de queso parmesano y la nuez moscada.

Mezcla bien todos los ingredientes y, a continuación, pásalos a un molde de aluminio ligeramente engrasado.

Colócalo plano y espolvorea la superficie con queso parmesano rallado.

Hornea la tarta durante 15 minutos a 200° hasta que esté dorada.

¡Que aproveche!

Guarnición de Verduras

Espárragos gratinados

TIEMPO DE PREPARACIÓN
5 Minutos

TIEMPO DE COCCIÓN
18 Minutos

PORCIONES
2 Personas

VALORES NUTRICIONALES POR RACIÓN
164 kcal
12 g carbohidratos
9 g proteínas
8 g grasa

Ingredientes

*250 g de espárragos (blancos o verdes)
2 cucharadas de pan rallado
2 cucharadas de queso parmesano rallado
1 cucharadita de semillas de sésamo
al gusto Cebollino
al gusto Aceite de oliva virgen extra
al gusto Sal fina*

Procedimiento

Cortar los tallos de los espárragos aproximadamente a la mitad de su longitud. Retirar la parte exterior con un pelapatatas y lavarlos bajo el agua.

Colóquelos en una sartén con una gota de agua y cuézalos en una freidora durante 8 minutos a 160°.

Mientras tanto, mezcla en un bol el pan rallado, el queso parmesano, una pizca de sal, las semillas de sésamo y el cebollino picado.

Una vez listos, espolvoree los espárragos con el pan rallado e introdúzcalos de nuevo en la freidora de aire, suba la temperatura a 200° y cocínelos durante otros 10 minutos hasta que estén completamente gratinados.

Disfruta de los espárragos en esta sabrosa versión.

¡Que aproveche!

Guarnición de Verduras

Hinojo gratinado con parmesano

TIEMPO DE PREPARACIÓN
5 Minutos

TIEMPO DE COCCIÓN
7 Minutos

PORCIONES
3 Personas

VALORES NUTRICIONALES POR RACIÓN
127 kcal
9 g carbohidratos
6 g proteínas
7 g grasa

Ingredientes

2 hinojos
3 cucharadas de queso parmesano rallado
3 cucharadas de pan rallado
2 cucharaditas Aceite de oliva virgen extra
al gusto Hierbas aromáticas
al gusto Sal fina

Procedimiento

Lavar los hinojos, quitarles las partes exteriores y cortarlos en rodajas finas, de medio centímetro de grosor aproximadamente. Escurrir bien el exceso de agua y colocarlos en un bol grande.

Preparar el pan rallado combinando el aceite, el pan rallado y el parmesano rallado.

Añada el pan rallado al hinojo, añada sal y sus hierbas picadas favoritas.

Mezcle bien para distribuir perfectamente el pan rallado y coloque todo en la cesta de la freidora de aire.

Enciéndalo y cocínelo durante unos 7 minutos a 200°.

Comprueba que los hinojos estén suficientemente blandos y cocidos.

¡Que aproveche!

Guarnición de Verduras

Chips de zanahoria

TIEMPO DE PREPARACIÓN
10 Minutos

TIEMPO DE COCCIÓN
15 Minutos

PORCIONES
2 Personas

VALORES NUTRICIONALES POR RACIÓN
86 kcal
8 g carbohidratos
1 g proteínas
5 g grasa

Ingredientes

3 zanahorias
al gusto aceite de oliva virgen extra
al gusto Sal fina
al gusto Pimienta negra

Procedimiento

Lava y pela las zanahorias, córtalas en tiras de medio cm de grosor y unos 5 cm de largo, procura que todas tengan el mismo tamaño.

Colocarlas en un bol y aliñarlas con aceite de oliva, una pizca de sal y un poco de pimienta.

Colóquelas en la cesta y hornéelas durante 10 minutos a 160°.

A continuación, suba la temperatura a 180° y continúe otros 5 minutos hasta que se doren.

Si es la primera vez que los preparas, vigila el tiempo de cocción para evitar que se quemen.

¡Que aproveche!

Guarnición de Verduras

Tomates cherry confitados

TIEMPO DE PREPARACIÓN
5 Minutos

TIEMPO DE COCCIÓN
25 Minutos

PORCIONES
3 Personas

VALORES NUTRICIONALES POR RACIÓN
135 kcal
15 g carbohidratos
2 g proteínas
7 g grasa

Ingredientes

500 g de tomates cherry (calidad Pachino)
2 cucharadas de aceite de oliva virgen extra
2 cucharadas de azúcar moreno (o alternativamente azúcar en polvo)
al gusto Orégano
q.b. Sal fina

Procedimiento

Lavar y cortar los tomates cherry por la mitad, colocarlos boca abajo en una fuente de horno o directamente en la cesta con papel de hornear.
Es muy importante que no se superpongan.

Sazonarlos todos con aceite de oliva, sal, azúcar y orégano.

Hornearlas a 160° durante 15 minutos, luego subir a 170° y continuar otros 10 minutos.
Evidentemente, hay que vigilarlos durante la cocción, para que se deshidraten y el azúcar se caramelice.

Los tomates confitados pueden utilizarse en muchos platos, como en ensaladas, como primer plato o acompañando a muchos platos principales.

¡Diviértase encontrando su uso favorito!

¡Que aproveche!

Guarnición de Verduras

Coliflores en freidora de aire

TIEMPO DE PREPARACIÓN
5 Minutos

TIEMPO DE COCCIÓN
10 Minutos

PORCIONES
3 Personas

VALORES NUTRICIONALES POR RACIÓN
85 kcal
3 g carbohidratos
4 g proteínas
5 g grasa

Ingredientes

1 coliflor
al gusto sal fina
al gusto Aceite de oliva virgen extra
al gusto Pimienta negra

Procedimiento

Precalentar la freidora de aire a 150° y empezar a cortar los ramilletes de coliflor.

Divida los ramilletes en trozos pequeños, no exagere con el tamaño, de lo contrario pueden tardar más en cocinarse.

Lavar los ramilletes con agua fría, escurrirlos y secarlos con un paño limpio o papel de cocina.

Sazone los ramilletes con aceite de oliva, sal y pimienta y, a continuación, colóquelos en el cestillo.

Cocínelos durante unos 10 minutos a 150°, dándoles la vuelta a mitad de cocción. Asegúrese de que estén bien cocidos antes de servirlos.

¡Que aproveche!

Guarnición de Verduras

Alcachofas asadas

TIEMPO DE PREPARACIÓN
10 Minutos

TIEMPO DE COCCIÓN
15 Minutos

PORCIONES
3 Personas

VALORES NUTRICIONALES POR RACIÓN
166 kcal
8 g carbohidratos
9 g proteínas
7 g grasa

Ingredientes

6 Alcachofas
1 diente de ajo
al gusto sal fina
al gusto Aceite de oliva virgen extra

Procedimiento

Quitar las hojas exteriores, el tallo y las puntas superiores de la alcachofa.
Lavarlas bien bajo el agua y secarlas con papel absorbente.

Picar el diente de ajo y añadirlo al aceite de oliva para preparar una emulsión.

A continuación, abrir ligeramente las hojas de alcachofa y aliñarlas con el aceite de ajo y la sal, dejando que penetre el condimento.

Colóquelas boca abajo en la freidora de aire y cuézalas durante 15 minutos a 180°.
Controlar la cocción de vez en cuando para que no se sequen demasiado.

Disfruta de esta versión súper sabrosa y deliciosa de las alcachofas.

¡Que aproveche!

Guarnición de Verduras

Coliflor y bechamel

TIEMPO DE PREPARACIÓN
10 Minutos

TIEMPO DE COCCIÓN
15 Minutos

PORCIONES
4 Personas

VALORES NUTRICIONALES POR RACIÓN
169 kcal
14 g carbohidratos
8 g proteínas
9 g grasa

Ingredientes

1 coliflor
1/2 litro de leche
30 g de harina
30 g de mantequilla
al gusto Nuez moscada
al gusto Sal fina

Procedimiento

Lavar y partir la coliflor en trozos pequeños. Escaldarlos durante 6 minutos en agua hirviendo con sal. Mientras tanto, preparar la bechamel.

Hervir la leche con la nuez moscada rallada y una pizca de sal.

Derretir la mantequilla y la harina por separado, removiendo con un batidor hasta que la mezcla adquiera un color ámbar y esté espesa.

En cuanto hierva la leche, añadirla al roux (mezcla de harina y mantequilla) y seguir removiendo a fuego lento, llevándolo a ebullición hasta que espese.

Colocar las coliflores en una fuente de horno, cubrirlas con la bechamel y hornear durante 15 minutos a 200° hasta que se doren.

¡Que aproveche!

Guarnición de Verduras

Friggitelli en freidora de aire

TIEMPO DE PREPARACIÓN
5 Minutos

TIEMPO DE COCCIÓN
15 Minutos

PORCIONES
3 Personas

VALORES NUTRICIONALES POR RACIÓN
113 kcal
12 g carbohidratos
2 g proteínas
5 g grasa

Ingredientes

450 g de pimientos Friggitelli
1 diente de ajo (opcional)
al gusto Aceite de oliva virgen extra
al gusto Sal fina

Procedimiento

Lavar y secar los friggitelli con papel absorbente, luego decidir si se cocinan enteros o sin el tallo.

A continuación, sazónelos en un bol con aceite en spray o un pulverizador, una pizca de sal y un diente de ajo.

Remover bien para distribuir el condimento.

A continuación, cocínelos en una freidora de aire durante unos 15 minutos a 200°, dándoles la vuelta de vez en cuando.

Los friggitelli son una excelente guarnición para acompañar muchos platos principales o también se pueden tomar como aperitivo.

¡Que aproveche!

Guarnición de Verduras

Chips de remolacha

TIEMPO DE PREPARACIÓN
5 Minutos

TIEMPO DE COCCIÓN
15 Minutos

PORCIONES
2 Personas

VALORES NUTRICIONALES POR RACIÓN
22 kcal
5 g carbohidratos
1 g proteínas
0 g grasa

Ingredientes

1 remolacha
al gusto sal fina
al gusto Pimienta negra
al gusto Ajo en polvo

Procedimiento

Pelar las remolachas y con la ayuda de una mandolina, cortarlas en rodajas finas, aliñarlas suavemente sin romperlas con aceite de evo, una pizca de sal, pimienta y si se quiere, ajo en polvo.

Coloque las rodajas en el cestillo sin superponerlas y hornee durante unos 15 minutos a 200°, teniendo cuidado de no quemarlas.

Compruebe de vez en cuando el tiempo de cocción y alárguelo unos minutos si es necesario.

Puede ser necesario cocerlos varias veces para que no se superpongan todos en la cesta.

Déjelas enfriar antes de servirlas para disfrutarlas en su punto más crujiente.

¡Que aproveche!

Guarnición de Verduras

Chips de brécol

TIEMPO DE PREPARACIÓN
10 Minutos

TIEMPO DE COCCIÓN
12 Minutos

PORCIONES
2 Personas

VALORES NUTRICIONALES POR RACIÓN
60 kcal
5 g carbohidratos
2 g proteínas
5 g grasa

Ingredientes

1 tallo de brócoli
al gusto Harina
al gusto Ajo en polvo
al gusto Sal fina
al gusto Aceite de oliva virgen extra

Procedimiento

Esta receta consiste en una perfecta reutilización del tallo de brócoli que normalmente se tira, en esta receta te enseñaré como aprovecharlo para evitar desperdiciar comida y dinero.

Limpia el tallo de brócoli quitándole la parte exterior con un cuchillo o pelapatatas.

A continuación, corta el tallo en rodajas de unos 1-2 mm de grosor, utilizando una mandolina o un cortafiambres.

Sazone las rodajas en un bol con aceite de oliva y sal. En otro plato, prepare la harina (unos 30 g) y el ajo en polvo.

Pase las rodajas de brécol por la harina y cuézalas en una freidora de aire durante unos 12 minutos a 200° hasta que se doren.

Déjalas enfriar antes de servir para que tengan un sabor más crujiente.

¡Que aproveche!

Guarnición de Verduras

Mazorca de maíz asada

TIEMPO DE PREPARACIÓN
2 Minutos

TIEMPO DE COCCIÓN
13 Minutos

PORCIONES
2 Personas

VALORES NUTRICIONALES POR RACIÓN
115 kcal
13 g carbohidratos
2 g proteínas
6 g grasa

Ingredientes

2 mazorcas de maíz precocidas
2 cucharaditas de aceite de oliva virgen extra
al gusto sal fina
al gusto Condimentos al gusto (pimentón, ajo en polvo, etc.)

Procedimiento

Sazone las mazorcas con 2 cucharaditas de aceite evo, una pizca de sal y algún condimento a su gusto.

Unte el condimento con las manos o con un pincel de cocina e introdúzcalas en la freidora de aire precalentada.

Cocínelos durante unos 12 minutos a 200°, dándoles la vuelta a mitad de la cocción.

Dependiendo de su gusto, puede dejarlas unos minutos más para que se tuesten más.

Las mazorcas de maíz asadas se pueden comer como guarnición o como tentempié; son muy versátiles.

¡Que aproveche!

Guarnición de Verduras

Patatas fritas con queso

TIEMPO DE PREPARACIÓN
10 Minutos

TIEMPO DE COCCIÓN
15 Minutos

PORCIONES
3 Personas

VALORES NUTRICIONALES POR RACIÓN
183 kcal
18 g carbohidratos
5 g proteínas
10 g grasa

Ingredientes

3 Patatas
3 cucharaditas de aceite de oliva virgen extra
60 g de queso feta
1 ramita de perejil
al gusto Pimentón
al gusto Sal fina
al gusto Ajo en polvo

Procedimiento

Pelar las patatas y cortarlas en bastoncitos finos, de medio centímetro de grosor aproximadamente.

En un bol, sazónelas con queso feta desmenuzado, sal, aceite de oliva, ajo en polvo, pimentón y perejil picado.

Mezcle bien todos los ingredientes y colóquelos en la cesta de la freidora de aire.

Cocer durante unos 15 minutos a 200°.

Compruebe el tiempo de cocción de vez en cuando y remuévalo.

Si es necesario, prolongar la cocción hasta que se doren.

¡Que aproveche!

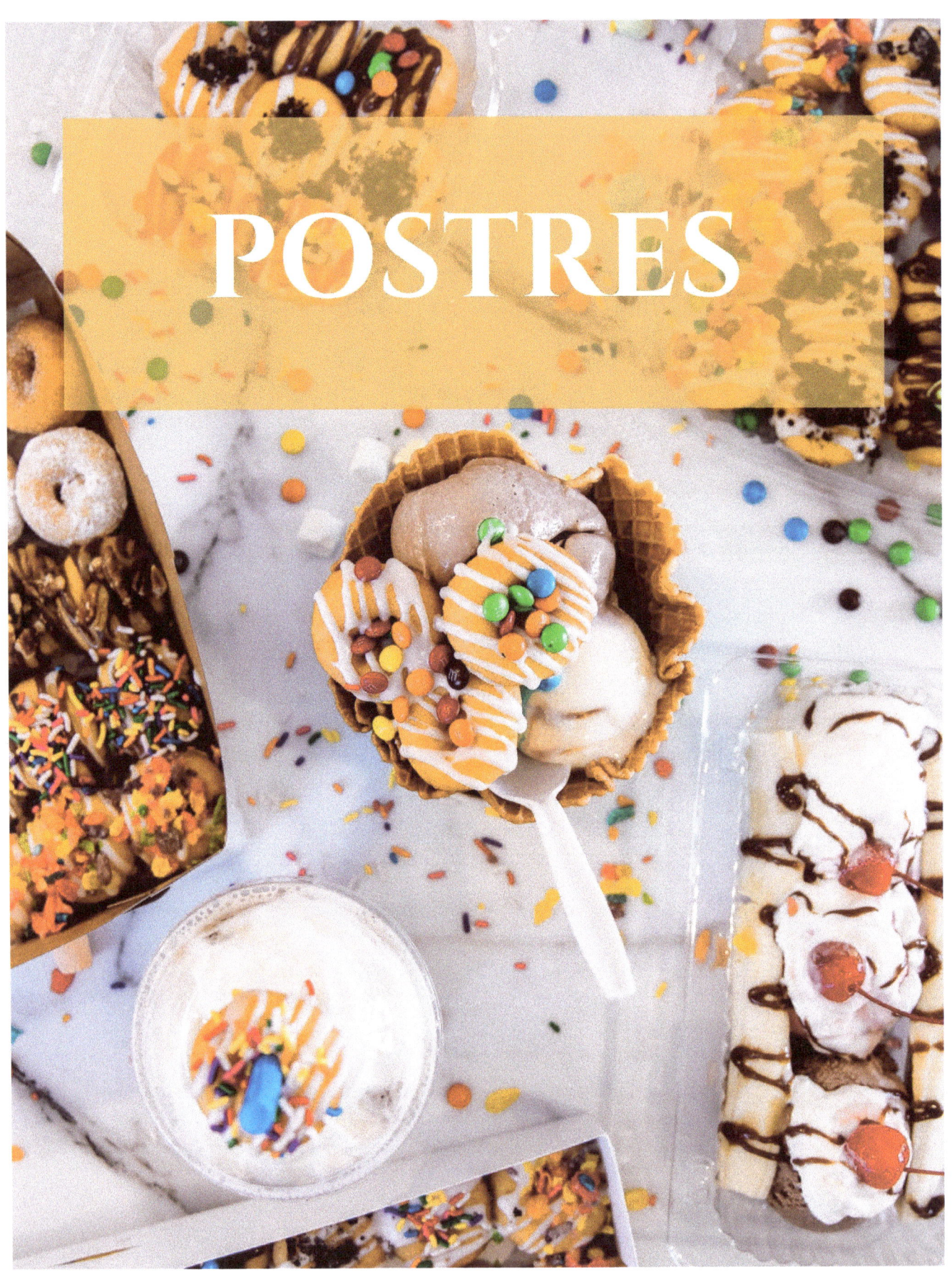

POSTRES

Postres

Pudin ligero de limón

TIEMPO DE PREPARACIÓN
5 Minutos

TEMPO DI COCCION
9 Minutos

PORCIONES
1 Raciones

VALORES NUTRICIONALES POR RACIÓN
566 kcal
42 g carbohidratos
24 g proteínas
33 g grasa

Ingredientes

*200 g de queso untable ligero
1 huevo
Zumo y ralladura de 1/2 limón
3 cucharadas de azúcar*

Ahora sólo tienes que ajustar las dosis en función del número de comensales.

Procedimiento

Mezclar el queso de untar con el huevo en un bol, añadir a continuación la ralladura y el zumo de limón, el azúcar y remover bien para mezclar todos los ingredientes.

Verter la mezcla en una cazuelita de barro apta para cocinar en freidora de aire.

Cocer los primeros 7 minutos a 160°, luego subir la temperatura a 175° y cocer otros 2 minutos.

Si lo prefiere, puede añadir arándanos u otras bayas.

Este es un pastel muy rápido y súper sencillo de preparar.

¡Que aproveche!

Postres

Chips de manzana

TIEMPO DE PREPARACIÓN
5 Minutos

TEMPO DI COCCION
9 Minutos

PORCIONES
1 Raciones

VALORES NUTRICIONALES POR RACIÓN
114 kcal
27 g carbohidratos
0 g proteínas
0 g grasa

Ingredientes

1 manzana roja
1 cucharada de azúcar en polvo
1/2 limón

Procedimiento

Lavar bien la manzana y, sin cortarla, retirar el corazón central. Si no dispone de la herramienta adecuada, córtelos en rodajas con una mandolina o un cortafiambres y retire después la parte central.

Una vez obtenidas todas las rodajas de manzana, sazónalas con zumo de limón y azúcar.

Coloque las rodajas de manzana en la cesta de la freidora de aire y, para evitar que salgan volando durante la cocción, ponga encima una pequeña rejilla invertida de modo que las bloquee.

Cocer los primeros 5 minutos a 160°, luego subir a 180° y cocer 2 minutos más.

Los chips de manzana son perfectos para disfrutar como tentempié en casa o para llevar a todas partes.
Si lo desea, puede añadir canela a las rodajas de manzana antes de hornearlas.
¡Que aproveche!

Postres

Galletas de chocolate sin mantequilla

TIEMPO DE PREPARACIÓN
15 Minutos

TEMPO DI COCCION
7 Minutos

PORCIONES
10 Galletas

VALORES NUTRICIONALES POR GALLETTA
129 kcal
18 g carbohidratos
2 g proteínas
5 g grasa

Ingredientes

150 g Harina 00
1 huevo
50 g Azúcar
35 ml Aceite de semillas
1/2 cucharadita de levadura en polvo
50 g Chispas de chocolate

Procedimiento

Mezclar la harina, el azúcar y el aceite de semillas en un bol y empezar a trabajar con las manos o con un batidor si se utiliza una batidora planetaria. A continuación, añadir el huevo, una pizca de levadura en polvo y seguir amasando.

A continuación, amasar la mezcla con las manos hasta que esté firme y compacta, añadir las pepitas de chocolate y formar una bola de masa.

A continuación, enharine ligeramente la superficie de trabajo y parta trozos de masa quebrada, procurando que tengan el mismo peso.

Aplastar ligeramente los trozos de masa quebrada con las manos, dándoles la clásica forma redonda.

Coloque momentáneamente una hoja de papel de horno sobre la cesta. A continuación, coloque suavemente las galletas sobre el papel de hornear sin solaparlas y hornéelas durante 6-7 minutos a 160°, dándoles la vuelta a la mitad.

Pasados unos minutos, puede retirar el papel de horno. ¡Que aproveche!

Postres

Ciambellone con ricotta y chocolate

TIEMPO DE PREPARACIÓN
10 Minutos

TEMPO DI COCCION
20 Minutos

PORCIONES
Molde de 18 cm

VALORES NUTRICIONALES POR RACIÓN
2257 kcal
293 g carbohidratos
53 g proteínas
97 g grasa

Ingredientes

200 g Harina 0
200 g de Ricotta
2 Huevos
80 g Chocolate negro
100 g Azúcar glas
1 sobre de levadura en polvo
30 ml Aceite de semillas

Nota:
Necesitará un molde para donuts de 18-20 cm

Procedimiento

En un bol, batir el azúcar con los huevos utilizando una batidora eléctrica hasta que estén espumosos y suaves. A continuación, añada el aceite de semillas y el queso ricotta, y siga batiendo hasta que estén bien mezclados.

Tamizar la harina y la levadura en polvo y añadirlas al bol poco a poco. Por último, añadir el chocolate negro en gotas o cortado en trozos pequeños. Mezclar la mezcla hasta que todos los ingredientes estén combinados.

Ahora engrasa y enharina el molde para rosquillas y vierte la masa en él. Nivélalo y añade otro puñado de chocolate por encima.

Precalentar la freidora unos minutos a 160°, luego colocar el molde en la cesta y hornear durante unos 20 minutos. Comprobar la cocción con un palillo de madera, éste debe salir seco.

El donut es perfecto para disfrutar después de comer, como tentempié o incluso en el desayuno, en resumen, ¡en cualquier momento!

¡Que aproveche!

Postres

Raviolis dulces con ricotta y limón

TIEMPO DE PREPARACIÓN
20 Minutos

TEMPO DI COCCION
15 Minutos

PORCIONES
25 Raviolis

VALORES NUTRICIONALES POR RAVIOLI
60 kcal
6 g carbohidratos
1 g proteínas
2 g grasa

Ingredientes

Para la masa
150 g Harina 00
25 g Azúcar
50 ml Leche
1 huevo (pequeño)
20 g Mantequilla
al gusto Cáscara de limón

Para el relleno
250 g de Ricotta
25 g de azúcar
al gusto Cáscara de limón

Procedimiento

Primero prepare el relleno: escurra la ricotta y póngala en un bol junto con el azúcar y la ralladura de limón y mézclelo todo.

A continuación, prepare la masa: ponga la harina, el azúcar, el huevo, la ralladura de limón y la mantequilla blanda cortada en dados en el bol de la batidora planetaria.

Amasar y añadir la leche poco a poco. Amasar hasta que la masa esté lisa y homogénea. Divide la masa en dos para trabajarla mejor, y empieza a extenderla, necesitarás una lámina de 1-2 mm de grosor.

Con un cortapastas redondo o una rueda de pastelería, cortar cuadrados de unos 7 cm por lado. Añadir una cucharadita de relleno en el centro y doblarlos para formar raviolis, teniendo cuidado de sellar bien los bordes.

Continúe hasta que estén todas cerradas. Coloque los raviolis en la cesta de la freidora sin solaparlos, úntelos con aceite de semillas y cuézalos unos 10 minutos a 200°, dándoles la vuelta a mitad de cocción.
¡Que aproveche!

Postres

Buñuelos de manzana

TIEMPO DE PREPARACIÓN
10 Minutos

TEMPO DI COCCION
8 Minutos

PORCIONES
12 Buñuelos

VALORES NUTRICIONALES POR BUÑUELO
48 kcal
7 g carbohidratos
1 g proteínas
1 g grasa

Ingredientes

1 Manzana
1 huevo
65 g de harina 00
50 ml de leche
20 g de azúcar
1 cucharada de aceite de semillas
1 cucharadita de levadura en polvo

Procedimiento

Prepare la masa combinando todos los ingredientes en un bol y mezclándolos con un batidor de varillas hasta que quede suave y bien mezclada.

La masa no debe estar demasiado blanda, de lo contrario se deslizará en la cesta, así que si es necesario añada un poco de harina cada vez hasta que espese.

Retire la piel de la manzana, saque el corazón con un descorazonador y córtela en rodajas de medio centímetro.

Sumerja una rebanada cada vez en la masa, escurriendo el exceso, y colóquelas en la cesta ligeramente engrasada y cocínelas en una freidora de aire precalentada a 200° durante unos 8 minutos.

Cúbralos con azúcar glas y sírvalos aún calientes para disfrutarlos al máximo.

Si lo desea, puede añadir canela en polvo a la masa para aromatizarlos.
¡Que aproveche!

Postres

Pastel de chocolate con un corazón suave

TIEMPO DE PREPARACIÓN
5 Minutos

TEMPO DI COCCION
10 Minutos

PORCIONES
2 Raciones

VALORES NUTRICIONALES POR RACIÓN
483 kcal
44 g carbohidratos
6 g proteínas
31 g grasa

Ingredientes

75 g Chocolate negro
1 huevo
35 g Azúcar
15 g Harina 00
40 g Mantequilla

Nota:
Para esta receta necesitarás 2 ramequines de aluminio, o si decides aumentar las cantidades, 1 ramequín cada uno.

Procedimiento

Derretir el chocolate negro y la mantequilla al baño maría o en el microondas y dejar enfriar. Mientras tanto, bata el huevo y el azúcar en un bol hasta que estén espumosos y esponjosos, añada entonces la harina tamizada e incorpórela a la mezcla.

Ahora añade la mantequilla derretida y el chocolate al bol y remueve para mezclar bien todos los ingredientes.

Engrasar los ramequines de aluminio con mantequilla y harina o mantequilla en spray y verter la mezcla en ellos, dejando aproximadamente 1 cm de espacio desde el borde para que no se derrame durante la cocción.

Precaliente la freidora durante unos minutos a 200°, luego coloque los moldes en la cesta y hornéelos durante unos 5 minutos a 200°.

Una vez cocidos, déjalos reposar unos instantes y, a continuación, dales la vuelta sobre un plato y cúbrelos con azúcar glas.

Servir absolutamente todavía caliente para conseguir el efecto de corazón blando.
¡Que aproveche!

Postres

Magdalenas con pepitas de chocolate

TIEMPO DE PREPARACIÓN
15 Minutos

TEMPO DI COCCION
15 Minutos

PORCIONES
3 Raciones

VALORES NUTRICIONALES POR RACIÓN
221 kcal
27 g carbohidratos
5 g proteínas
10 g grasa

Ingredientes

70 g de harina 00
30 g Azúcar
30 g de mantequilla (a temperatura ambiente)
30 ml Leche
1 huevo (pequeño)
1/4 sobre de vainillina
3 g de levadura en polvo
30 g Chispas de chocolate

Procedimiento

Mezclar el azúcar con la mantequilla a temperatura ambiente utilizando una batidora eléctrica, luego añadir el huevo y, a continuación, la leche en un chorro bajo sin dejar de batir. Debe obtenerse una mezcla homogénea.

A continuación, añadir la harina tamizada, la levadura en polvo y la vainillina poco a poco. Por último, vierta las pepitas de chocolate y mezcle bien. Vierta la mezcla en moldes para magdalenas y colóquelos en la freidora de aire precalentada.

Hornear a 180° durante unos 15 minutos. Introduce un palillo de madera en el molde para comprobar si está cocido, debe estar seco y no húmedo.

Puedes sustituir las pepitas de chocolate por arándanos para obtener otra variante de muffin.

Ideal para llevar como tentempié o simplemente para disfrutar en el desayuno o como tentempié.

¡Que aproveche!

Postres

Brownie de chocolate negro

TIEMPO DE PREPARACIÓN
10 Minutos

TEMPO DI COCCION
15 Minutos

PORCIONES
2 Raciones

VALORES NUTRICIONALES POR RACIÓN
378 kcal
33 g carbohidratos
5 g proteínas
25 g grasa

Ingredientes

20 g Harina
30 g Azúcar
40 g Mantequilla
40 g de chocolate negro
1 huevo (pequeño)
4 g Polvo de hornear
al gusto Sal fina

Procedimiento

En primer lugar, derrita el chocolate y la mantequilla al baño maría o en el microondas.

Mientras tanto, mezclar el huevo, el azúcar y una pizca de sal en un bol; a continuación, añadir el chocolate y la mantequilla templados y seguir mezclando.

Añadir la harina y la levadura poco a poco y tamizarlas juntas. Mezclar hasta integrar todos los ingredientes y verter en el molde cubierto con papel de horno.

Precalentar la freidora a 180°. Introducir el molde y hornear durante 15 minutos a 180°, controlando de vez en cuando. Dejar enfriar antes de servir.

Los brownies son perfectos para disfrutarlos en el desayuno o como tentempié.
Sin duda, ¡sus hijos le pedirán que vuelva a hacerlos!

¡Que aproveche!

Postres

Croissants de chocolate

TIEMPO DE PREPARACIÓN
10 Minutos

TEMPO DI COCCION
12 Minutos

PORCIONES
12 Pequeñas croissants

VALORES NUTRICIONALES POR RACIÓN
112 kcal
11 g carbohidratos
1 g proteínas
6 g grasa

Ingredientes

1 rollo de hojaldre rectangular
1 huevo
al gusto Azúcar
al gusto Crema de chocolate

Nota:
Los valores nutricionales se basan en el uso de 80 g de crema de chocolate, en caso de utilizar menos, los valores serán obviamente inferiores.

Procedimiento

Desenrolle el hojaldre y córtelo inicialmente en 4 partes iguales. Cada cuarto obtenido córtalo en 3 triángulos, obteniendo así un total de 12 triángulos iguales.

Rellenar los triángulos con crema de chocolate en la base y enrollarlos desde la base hasta la punta en forma de croissants. Colocar los cruasanes en la freidora con papel de horno, batir el huevo con el azúcar y pincelarlo por la superficie para conseguir un bonito color dorado.

Hornéelos durante unos 12 minutos a 180° hasta que se doren.

Puede rellenarlos a su gusto con crema pastelera, crema de pistacho o mermelada.

También puede sustituir la harina por harina integral para obtener una versión más rústica.

¡Los cruasanes son perfectos para un sabroso desayuno y para cualquier otra ocasión!
¡Que aproveche!

Postres

Espirales de canela

TIEMPO DE PREPARACIÓN
10 Minutos

TEMPO DI COCCION
15 Minutos

PORCIONES
6 Espirales

VALORES NUTRICIONALES POR RACIÓN
281 kcal
30 g carbohidratos
2 g proteínas
16 g grasa

Ingredientes

1 rollo de hojaldre rectangular
100 g Azúcar
(extrafino o moreno)
50 g de mantequilla
al gusto Canela en polvo

Procedimiento

Derretir la mantequilla y añadirla al azúcar y la canela. Extender la masa y untar toda la superficie con la mezcla de azúcar, mantequilla y canela, reservando un poco para más tarde.

A continuación, enrolle la masa por el lado largo. Cortar el rollo en rodajas de unos 5 cm de grosor y colocarlas con cuidado en la cesta con papel de horno, colocadas horizontalmente.

Pincelarlas por la superficie con la mezcla de antes y hornearlas a 180º durante unos 15 minutos, vigilando la cocción durante el primer tiempo para evitar que se quemen.

Si es necesario, prolongar el tiempo de cocción.

Son perfectos para disfrutarlos en el desayuno con una taza de leche o simplemente como tentempié para llevar fuera de casa.

Si a tus hijos no les gusta la canela, puedes sustituirla por cacao en polvo para obtener una versión aún más sabrosa.

¡Que aproveche!

Tarta dietética de manzana con claras de huevo

TIEMPO DE PREPARACIÓN
10 Minutos

TEMPO DI COCCION
15 Minutos

PORCIONES
4 Raciones

VALORES NUTRICIONALES POR RACIÓN
69 kcal
14 g carbohidratos
3 g proteínas
0 g grasa

Ingredientes

75 g Claras de huevo (aprox. 2 claras de huevo)
30 g de harina
20 g Azúcar de caña
1 manzana roja
1 cucharadita de canela en polvo
1/2 sobre de levadura en polvo

Procedimiento

Vierta las claras en un bol, añada el azúcar moreno y bátalas a punto de nieve con una batidora eléctrica.

Tamizar la harina, la canela y la levadura en polvo en un bol y añadir la mezcla poco a poco a las claras y seguir batiendo.

Mientras tanto, pela las manzanas, quítales el corazón y córtalas en rodajas de medio centímetro aproximadamente.

Forre con papel de horno un molde no muy grande de un tamaño adecuado para su freidora.

Vierta la mezcla y alísela con una espátula, luego añada las rodajas de manzana a la superficie.

Colocar el molde en la cesta de la freidora de aire y hornear durante unos 15 minutos a 160°, comprobando la cocción con un palillo de madera antes de desmoldar.

¡Que aproveche!

Postres

Tarta de manzana y yogur griego

TIEMPO DE PREPARACIÓN
15 Minutos

TEMPO DI COCCION
20 Minutos

PORCIONES
Sartèn de 10 cm

VALORES NUTRICIONALES POR RACIÓN
1031 kcal
163 g carbohidratos
19 g proteínas
35 g grasa

Ingredientes

1 huevo
40 g azúcar
15 ml leche
50 g yogur griego
25 ml aceite de semillas
15 g fécula de patata
75 g harina
1/2 sobre de levadura en polvo

Procedimiento

Bate el huevo entero con el azúcar utilizando una batidora eléctrica hasta que esté espumoso y suave.

A continuación, añade el yogur griego y mezcla, después verte la leche y el aceite de semillas y sigue mezclando hasta que se incorporen.

Por último, añade la harina tamizada, la fécula de patata también tamizada y la levadura en polvo, incorporando con el batidor hasta que la mezcla esté suave y bien mezclada.

Forra un molde de 10 cm con papel de horno y verte la mezcla en su interior. Pela las manzanas y córtalas en rodajas. Colócalas sobre la masa y espolvorea la superficie con azúcar glas.

Coloca el molde en el cestillo y hornea durante unos 20 minutos a 160° (si se dispone de él, utilizar el programa para tartas).

¡Que aproveche!

Postres

Castañas en freidora de aire

TIEMPO DE PREPARACIÓN
10 Minutos

TEMPO DI COCCION
15 Minutos

PORCIONES
100g de castañas

VALORES NUTRICIONALES POR RACIÓN
189 kcal
51 g carbohidratos
3 g proteínas
2 g grasa

Ingredientes

Solo necesitará castañas para esta receta, así que tú decides la cantidad a preparar.

Los valores nutricionales se basan en 100g de castañas

Procedimiento

Comprueba las castañas y desecha las que tengan agujeros y las que se hayan estropeado. A continuación, corta con un cuchillo en la superficie de las castañas por el lado redondeado, es decir, el lado "hinchado", haciendo una cruz que servirá para abrirlas durante la cocción.

Coloca las castañas en la freidora de aire. Es importante que el lado cortado quede hacia arriba. Cuece durante unos 15-20 minutos a 180°.

Si es necesario, prolonga el tiempo de cocción unos minutos más.

Un consejo para facilitar el pelado es envolver las castañas recién cocidas en un paño limpio o dejarlas en la cesta ligeramente abiertas.

Los tiempos de cocción pueden variar ligeramente según el modelo de la freidora de aire y el tamaño de las castañas.

¡Que aproveche!

Peras cocidas con pasas sultanas, sirope de arce y canela

TIEMPO DE PREPARACIÓN
5 Minutos

TEMPO DI COCCION
18 Minutos

PORCIONES
2 Personas

VALORES NUTRICIONALES POR GALLETTA
150 kcal
28 g carbohidratos
2 g proteínas
2 g grasa

Ingredientes

2 peras maduras
2 cucharadas de sirope de arce
15 g de pasas sultanas
10 g de piñones
Canela en polvo al gusto
1/3 vaso de agua

Procedimiento

Lava las peras, córtalas por la mitad dejando la piel y quitando los rabitos superior e inferior. Cava con una cuchara para sacar la parte central con las semillas.
Mientras tanto, remoja las pasas sultanas en agua para ablandarlas.

En una bandeja de horno que quepa en la cesta de la freidora, coloca las peras con la piel hacia abajo y vierte en ella 1/3 de taza de agua para que no se queme el sirope de arce.

A continuación, espolvorea canela sobre las peras y vierte también el sirope de arce. Enciende el fuego y hornea durante 10 minutos a 200°C.

A continuación, saca la bandeja del horno, añade después las pasas sultanas exprimidas y los piñones a las peras para evitar que se quemen.

A continuación, hornea durante 8 minutos más, comprobando que la pera esté cocida con un palillo de madera.

¡Que aproveche!

Bizcocho de yogur

TIEMPO DE PREPARACIÓN
10 Minutos

TEMPO DI COCCION
30 Minutos

PORCIONES
Tarta entera

VALORES NUTRICIONALES TOTALES
1506 kcal
255 g carbohidratos
37 g proteínas
36 g grasa

Ingredientes

250 g harina
75 g azúcar
1 huevo
75 g de yogur natural
30 ml aceite de semillas
1/2 sobre de levadura en polvo
Azúcar glas al gusto
Cáscara de limón

Procedimiento

Mezcla el huevo, el azúcar y el yogur en un bol con un batidor de varillas.

A continuación, añade la ralladura de limón, el aceite de semillas, la levadura en polvo y la harina tamizada y mezcla hasta que todos los ingredientes estén bien combinados.

Después vierte la mezcla en un molde cubierto con papel de horno del tamaño adecuado para tu freidora de aire.

Cocina durante los primeros 15 minutos a 175° (freidora precalentada) y, a continuación, haz un corte en cruz en la superficie para evitar que siga hinchándose y cocinándose por dentro.

Continúa la cocción durante otros 20 minutos aproximadamente hasta que esté bien cocido. Utiliza un palillo de madera para comprobar la cocción interna.
Si es necesario, hornea unos minutos más.

¡Que aproveche!

Postres

Manzanas cocidas y caramelizadas

TIEMPO DE PREPARACIÓN
5 Minutos

TEMPO DI COCCION
20 Minutos

PORCIONES
3 Personas

VALORES NUTRICIONALES POR BUÑUELO
78 kcal
20 g carbohidratos
0 g proteínas
0 g grasa

Ingredientes

3 manzanas
Azúcar moreno al gusto
Canela en polvo (opcional)

Procedimiento

Lava bien las manzanas y quítales el rabito con un descorazonador.

A continuación, dejándolas aún húmedas, reboza con azúcar moreno y canela en polvo.

Colócalas en la bandeja del horno con papel de hornear y hornea a 170° durante unos 20 minutos. Vigílalas para evitar que se quemen.

La primera vez tendrás que vigilarlas porque el tiempo de cocción varía mucho según la calidad de las manzanas, su sazón y el modelo de la freidora de aire.

Si quieres, puedes quitarles la piel pelándolas antes de rebozarlas en azúcar.

¡Que aproveche!

Postres

Magdalenas rellenas de crema de avellanas

TIEMPO DE PREPARACIÓN
10 Minutos

TEMPO DI COCCION
15 Minutos

PORCIONES
4 Magdalenas

VALORES NUTRICIONALES POR RACIÓN
158 kcal
20 g carbohidratos
4 g proteínas
6 g grasa

Ingredientes

75 g harina
25 g azúcar
25 g mantequilla
50 ml leche
1/4 sobre de levadura en polvo
1 huevo (pequeño)
1 pizca de sal fina

Procedimiento

Mezcla en un bol el huevo, la leche y la mantequilla derretida. En otro el azúcar, una pizca de sal, la harina tamizada y la levadura en polvo.

A continuación, añade las dos mezclas poco a poco y bate hasta obtener una mezcla homogénea.

Vierte una parte de la mezcla en moldes de papel para magdalenas, añade una cucharadita de crema de avellanas y, a continuación, echa la otra mezcla para cubrirlas.

Colócalos en una freidora precalentada a 165° y hornea durante 15 minutos.

Puedes sustituir la crema de avellanas por crema de pistacho, mermelada o lo que prefieras.

¡Que aproveche!

Postres

Triángulos de masa filo de doble chocolate

TIEMPO DE PREPARACIÓN
5 Minutos

TEMPO DI COCCION
15 Minutos

PORCIONES
2 Personas

VALORES NUTRICIONALES POR RACIÓN
96 kcal
13 g carbohidratos
2 g proteínas
4 g grasa

Ingredientes

3 hojas de pasta filo
1 cucharada de copos de chocolate blanco
1 cucharada de copos de chocolate
Aceite de semillas al gusto
Azúcar glas al gusto

Procedimiento

Superpon 3 hojas de pasta filo, pincelándolas de una en una con aceite de semillas o agua si lo prefieres.

Córtalas en 2 partes iguales a lo largo. En la base coloca las pepitas de chocolate normal y blanco una encima de la otra.

A continuación, dobla la base en forma de triángulo y continúa hasta cerrar el paquete.

Pincela la superficie con aceite de semillas y cubre con azúcar glas. Hornea durante 15 minutos a 180°.

Disfrútalos calientes para un excelente postre relleno de chocolate.

Perfectos para el desayuno, como tentempié o al final de una comida.

¡Que aproveche!

Postres

Tarta ligera de chocolate

TIEMPO DE PREPARACIÓN
5 Minutos

TEMPO DI COCCION
30 Minutos

PORCIONES
Tarta entera

VALORES NUTRICIONALES TOTALES
1937 kcal
324 g carbohidratos
30 g proteínas
57 g grasa

Ingredientes

200 g de harina
40 g de cacao amargo
160 g de azúcar
20 g de almidón
260 ml agua
50 ml aceite de semillas
1 sobre de levadura química
1 sobre de vainillina
Azúcar glas al gusto

Procedimiento

Con un batidor eléctrico o una batidora planetaria, mezcla bien todos los ingredientes, teniendo cuidado de tamizar la harina para evitar grumos.

Engrasa un molde de 22 cm y verte en él la mezcla.

Precalienta la freidora a 180° y hornea el pastel durante unos 30 minutos.

El tiempo de horneado puede variar según el modelo de freidora, así que comprueba de vez en cuando la cocción con un palillo de madera para evitar que se cocine demasiado.

Deja enfriar antes de desmoldar y sírvelo cubierto de azúcar glas.

¡Que aproveche!

Postres

Magdalenas de cítricos

TIEMPO DE PREPARACIÓN
10 Minutos

TIEMPO DE COCCIÓN
10 Minutos

PORCIONES
4 Personas

VALORES NUTRICIONALES POR RACIÓN
160 kcal
21 g carbohidratos
4 g proteínas
6 g grasa

Ingredientes

75 g de harina de repostería
1 huevo
25 g de mantequilla
25 g de azúcar
1/2 polvo de hornear
50 ml Leche
25 ml Zumo de naranja
25 ml Zumo de limón
al gusto Cáscara de naranja y limón

Procedimiento

Batir el huevo con el azúcar, el zumo de naranja y limón, la mantequilla derretida y la leche hasta que se mezclen todos los ingredientes.

A continuación, añadir poco a poco la levadura en polvo, la harina tamizada y la ralladura de naranja y limón.

Remover hasta que no queden grumos ni grumos.

Vierta la mezcla en moldes para magdalenas y hornéelos durante unos 10 minutos a 165°.

Compruebe la cocción con un palillo: introdúzcalo en el centro de la magdalena y si sale seco, estarán cocidas y podrá retirarlas de la freidora de aire.

¡Que aproveche!

Postres

Pastel de trigo sarraceno con bayas

TIEMPO DE PREPARACIÓN
10 Minutos

TIEMPO DE COCCIÓN
20 Minutos

PORCIONES
Molde de 10 cm

VALORES NUTRICIONALES TOTALES
856 kcal
170 g carbohidratos
15 g proteínas
18 g grasa

Ingredientes

1 huevo
100 g de harina de trigo sarraceno
25 g de fécula de patata
50 g Crema de soja
50 g Azúcar moreno
60 g Bayas
5 g de levadura en polvo

Procedimiento

Batir el huevo con el azúcar moreno utilizando una batidora eléctrica hasta que la mezcla esté esponjosa. Añadir entonces la nata líquida e incorporarla.

Tamizar la harina y la fécula de patata y añadirlas poco a poco, por último añadir la levadura en polvo.

Mezclar bien todos los ingredientes hasta que estén bien combinados. Por último, incorporar las bayas (dejando un puñado para poner por encima más tarde) y mezclar suavemente sin romperlas.

Colocar el papel de horno en el molde de 10 cm y verter la mezcla en él. A continuación, añadir un puñado de frutos del bosque en la superficie.

Colocar el molde en la cesta precalentada y hornear durante unos 20 minutos a 160°. Comprueba la cocción con un palillo de madera, si es necesario hornea unos minutos más.

¡Que aproveche!

Postres

Puffs de mermelada

TIEMPO DE PREPARACIÓN
5 Minutos

TIEMPO DE COCCIÓN
10 Minutos

PORCIONES
5 Hojaldres

VALORES NUTRICIONALES POR RACIÓN
206 kcal
22 g carbohidratos
2 g proteínas
10 g grasa

Ingredientes

1 rollo de hojaldre rectangular
1 huevo (para pincelar)
al gusto Azúcar moreno (o azúcar normal si lo prefiere)
al gusto Mermelada

Nota:
Los valores nutricionales están basados en 50g de mermelada, si usas más los valores serán mayores.

Procedimiento

Desenrollar el hojaldre, dividirlo en 2 y de cada rectángulo cortar 5 cuadrados de unos 6 cm.

Extender la mermelada sólo en 5 cuadrados, los demás se utilizarán para cubrirlos.

A continuación, ciérrelos, presione bien los bordes y haga unos pequeños cortes en la superficie con un cuchillo.

Pincelarlos con huevo y cubrirlos con un poco de azúcar.

Precalienta la freidora de aire a 200° y colócalos en ella. Cocínelos durante 5 minutos a 200°.

Como el tiempo de cocción depende del modelo de la freidora de aire, asegúrese de que estén cocidos antes de sacarlos.

Puedes sustituir el relleno por crema pastelera o crema de chocolate.

¡Que aproveche!

Postres

Tarta de mermelada

TIEMPO DE PREPARACIÓN
20 Minutos
+ 3 Horas de reposo

TIEMPO DE COCCIÓN
20 Minutos

PORCIONES
Molde de 18 cm

VALORES NUTRICIONALES TOTALES
1602 kcal
261 g carbohidratos
21g proteínas
56 g grasa

Ingredientes

120 g Harina 00
60 g Azúcar
60 g Mantequilla
3 g de levadura en polvo
1 huevo
180 g de mermelada
1 g de sal fina

Procedimiento

En un cuenco, ablande la mantequilla fría cortada en cubos con el azúcar y, a continuación, añada el huevo a temperatura ambiente, la harina tamizada, la levadura en polvo y la sal.

Mezclar rápidamente los ingredientes hasta obtener una masa bien mezclada y homogénea, tapar y meter en el frigorífico durante 3 horas.

Pasado este tiempo, extender la masa quebrada sobre una tabla de repostería enharinada, con un grosor de medio centímetro aproximadamente.

Engrasar un molde de 18 cm y forrarlo con la masa. Pínchelo con un tenedor y, a continuación, extienda la mermelada por encima, nivelándola.
Terminar colocando las tiras de hojaldre en forma de cuadros.

Hornear durante 10 minutos a 160°, luego subir a 180° y hornear durante 8 minutos más.
Dejar enfriar antes de servir.

¡Que aproveche!

Postres

Galletas integrales

TIEMPO DE PREPARACIÓN
15 Minutos

TEMPO DI COCCION
11 Minutos

PORCIONES
20 Galletas

VALORES NUTRICIONALES POR RACIÓN
68 kcal
8 g carbohidratos
1 g proteínas
3 g grasa

Ingredientes

150 g harina integral
65 g azúcar moreno (o azúcar normal si lo prefieres)
65 g de mantequilla
2 yemas de huevo
1 sobre de vainilla
1 pizca de sal fina

Procedimiento

Amasa todos los ingredientes con una batidora planetaria o a mano hasta obtener una masa lisa y homogénea.

A continuación, extiende con un rodillo sobre una superficie de trabajo enharinada y, con ayuda de cortapastas o moldes de repostería, forma galletas de medio centímetro de grosor.

Espolvorea la superficie de las galletas con azúcar y colocarlas en el cestillo.

Hornea a 160° durante unos 11 minutos (el tiempo varía según el modelo de la freidora de aire).

Para una versión diferente y aún más sabrosa, una vez horneadas, puedes untarles un poco de mermelada por la parte de atrás y emparejarlas.

¡Que aproveche!

Postres

Galletas de agua integrales

TIEMPO DE PREPARACIÓN
40 Minutos

TEMPO DI COCCION
20 Minutos

PORCIONES
10 Galletas

VALORES NUTRICIONALES POR RACIÓN
117 kcal
18 g carbohidratos
2 g proteínas
4 g grasa

Ingredientes

200 g harina integral
40 g azúcar (normal o moreno)
40 ml aceite de semillas
40 ml de agua
1 cucharadita de levadura en polvo
Cáscara de limón al gusto

Procedimiento

Primero mezcla el agua con el aceite y el azúcar, luego añade la harina tamizada, la levadura en polvo y una ralladura de cáscara de limón.

Mezcla bien y deja reposar en la nevera durante 30 minutos.

A continuación, extiénde la masa con un rodillo en forma de "serpiente" hasta obtener un grosor de 2 cm.

Divídela en trozos más pequeños y dales forma de taralli. Pásalos por azúcar y colócalos en la cesta.

Hornea durante 20 minutos a 180° controlando de vez en cuando para evitar que se quemen.

Estas galletas son muy ligeras, ya que no contienen mantequilla ni huevo.
También son perfectas para un estilo de vida vegano y vegetariano.

¡Que aproveche!

Postres

Tortitas con pasas sultanas

TIEMPO DE PREPARACIÓN
5 Minutos

TEMPO DI COCCION
8 Minutos

PORCIONES
5 Personas

VALORES NUTRICIONALES POR RACIÓN
306 kcal
59 g carbohidratos
10 g proteínas
4 g grasa

Ingredientes

3 huevos
50 g pasas
250 ml leche
200 g harina
100 g azúcar
1 pizca de sal fina
Cáscara de 1/2 limón

Procedimiento

En un bol, mezcla la harina con la leche, vertiéndola poco a poco hasta obtener una masa sin grumos y homogénea.

A continuación, añade la ralladura de limón, una pizca de sal, las pasas sultanas ablandadas en agua y bien exprimidas. Por último, añade los huevos, incorporándolos de uno en uno.

Mezcla con un batidor de varillas hasta que todos los ingredientes estén integrados. Deberás obtener una masa espesa.

Puede que solo necesite 2 huevos, por lo que puede decidir si añadir o no el tercero.

Coloca los buñuelos en una cesta con papel de horno y hornéalos a 200° durante unos 8 minutos, dándoles la vuelta a la mitad.

Si es la primera vez que los preparas, vigila el tiempo de cocción para evitar que se quemen, así poco a poco irás entendiendo mejor el tiempo de tu freidora de aire.

¡Que aproveche!

Postres

Galletas con pepitas de chocolate

TIEMPO DE PREPARACIÓN
15 Minutos

TEMPO DI COCCION
10 Minutos

PORCIONES
15 Galletas

VALORES NUTRICIONALES POR RAVIOLI
76 kcal
8 g carbohidratos
1 g proteínas
4 g grasa

Ingredientes

- 50 g de mantequilla
- 125 g de harina
- 1 huevo
- 20 g de azúcar
- 40 g de pepitas de chocolate
- 4 g de levadura en polvo

Procedimiento

Coloca en un bol la mantequilla cortada a temperatura ambiente, la harina, el huevo, las pepitas de chocolate, el azúcar y la levadura en polvo. Amasa a mano o con la batidora planetaria hasta que la masa esté bien mezclada y lisa.

A continuación, forma bolas con trozos de masa presionándolas ligeramente. Por último, forra la cesta con papel de horno y coloca en ella las galletas sin superponerlas.

Hornea a 180° durante unos 10 minutos, vigilándolas porque dependiendo del tamaño de las galletas y del modelo de la freidora de aire, el tiempo de horneado puede variar ligeramente unos minutos.

Puedes disfrutar de las galletas tanto para desayunar como para merendar.

¡Que aproveche!

CONCLUSIÓN

Muchas gracias por leer hasta aquí.
Espero de verdad que haya disfrutado del libro de cocina en color y que le haya gustado la elección de producirlo en color, cosa que nadie hace debido a los elevados costes de impresión.

Junto con mi equipo decidimos hacer caso omiso de esto y favorecer al cliente dándole exactamente lo que quiere, ya que lo que faltaba en la biblioteca de Amazon era un libro de cocina para freidoras de aire a todo color.

En las páginas siguientes he creado un índice por orden alfabético para que puedas encontrar las recetas más rápidamente en caso de que quieras repetirlas.

Camila Enriquez

RECETAS POR ORDEN ALFABÉTICO

A

Albóndigas de atún	121
Albóndigas de calabacín y queso ricotta (sin huevo)	65
Albóndigas de calabaza y ricotta	18
Albondigas de coliflor	144
Albóndigas de ricotta y brécol	45
Albóndigas rellenas de queso	67
Alcachofas asadas	160
Alcachofas gratinadas	135
Alitas de pollo con pimentón ahumado	69
Alitas de pollo fritas	94
Aros de cebolla fritos	22
Atún en costra de semillas de amapola	109

B

Bacalao empanado y frito	119
Berenjenas al horno	130
Berenjenas en acordeon con tomate, queso y jamón	77
Berenjenas rellenas	63
Bizcocho de yogur	188
Bocadillos rústicos con jamón cocido y queso mozzarella	28
Bocaditos de mozzarella fritta	37
Bocaditos de pez espada gratinados	112
Bolas de arroz con jamón y queso mozzarella	85
Bolitas de queso ricotta fritas	44
Boquerones fritos	107
Brochetas de carne con verduras	89
Brochetas de gambas gratinadas con limón	103
Brochetas de gambas y calabacín	125
Brochetas de pez espada y calabacín	116
Brochetas de salmón calabacín y tomates cherry	115
Brochetas de verduras mixtas	146
Brownie de chocolate negro	180
Buñuelos de calabacín	27
Buñuelos de manzana	176

C

Calabaza frita	143
Calamares fritos	101
Capocollo marinado	87
Castañas en freidora de aire	186

Chalotes gratinados	137
Champiñones empanados y fritos	147
Champiñones Portobello gratinados	33
Chips de brécol	164
Chips de calabacín	148
Chips de col rizada	48
Chips de manzana	170
Chips de pollo	26
Chips de remolacha	163
Chips de zanahoria	157
Chuleta de pollo asada	86
Chuletas con salsa barbacoa	79
Chuletas de calabaza	34
Chuletas de cordero en freidora de aire	92
Chuletas de ternera al romero	91
Chuletas rellenas de jamón cocido y queso	80
Ciambellone con ricotta y chocolate	173
Codillo de cerdo con cebolla	97
Coles de Bruselas gratinadas	129
Coliflor y bechamel	161
Coliflores en freidora de aire	159
Cordon bleu de berenjena	96
Costillas de cerdo	68
Croissants de chocolate	181
Croissants salados con calabacines jamón cocido y queso	57
Croquetas de arroz rellenas	38
Croquetas de calabacín y patata rellenas de atún	117
Croquetas de minestrone	55
Croquetas de patata con mortadela	21
Crostini con salchicha y queso provolone	59

D

Dados de berenjena con tomates cherry y cebolla tropea	151
Dados de queso feta al estilo mediterráneo	78
Dorada en freidora de aire	110

E

Escalopines de berenjena	43
Espárragos envueltos en jamón	141
Espárragos gratinados	155
Espirales de canela	182

F

Filete de pez espada empanado al estilo mediterráneo	106
Flanes de huevo y bacon	20
Flanes de patata, jamón y queso scamorza	76

Flores de calabacín rellenas de ricotta y jamón ... 66
Friggitelli en freidora de aire ... 162

G

Gachas de garbanzos ... 30
Galletas con pepitas de chocolate ... 201
Galletas de agua integrales ... 198
Galletas de chocolate sin mantequilla ... 171
Galletas integrales ... 197
Gallo asado en freidora de aire ... 82
Gambas en freidora ... 105
Gambas en freidora ... 124
Gambas fritas con sal y pimienta ... 111
Garbanzos crujientes con pimentón y romero ... 35

H

Hamburguesa de Portobello champiñones ... 81
Hamburguesa rellena de queso ... 61
Hinojo gratinado con parmesano ... 156
Hojaldre con salchichas ... 32
Hojaldre de espinacas y ricotta ... 42
Huevos gratinados con parmesano ... 49

L

Lasaña de calabaza y salchicha ... 75
Lubina al horno ... 118

M

Magdalenas con pepitas de chocolate ... 178
Magdalenas de cítricos ... 193
Magdalenas rellenas de crema de avellanas ... 190
Magdalenas saladas con parmesano y speck ... 29
Magdalenas saladas con tomates cherry y calabacines ... 47
Magret de pato a la naranja ... 99
Manzanas cocidas y caramelizadas ... 189
Mazorca de maíz asada ... 166
Media luna de carne rellena ... 74
Mejillones gratinados ... 108
Mejillones gratinados ... 126
Mezcla para pizzetas en freidora de aire ... 53
Milhojas de patata con queso parmesano y bacon ... 154
Mozzarella en carrozza ... 23

Muslitos de pollo al limón 93
Muslos de pollo dorados al romero 64

N

Nube de huevo 36
Nuggets de bacalao frito 122

P

Palitos de boniato 140
Palitos de polenta fritos 51
Palitos de verduras fritas 149
Panecillos rústicos con jamón y mozzarella 40
Panecillos salados con jamón cocido y queso 19
Panettone salado sin levadura 56
Panzerotto de queso 54
Paquetitos de calabacín con un relleno suave 70
Pastel de carne relleno en freidora de aire 98
Pastel de chocolate con un corazón suave 177
Pastel de espinacas y patatas 142
Pastel de trigo sarraceno con bayas 194
Patatas con ajo, aceite y guindilla 133
Patatas en rodajas con bacon y romero 131
Patatas fritas 134
Patatas fritas con queso 167
Patatas fritas en freidora de aire 152
Patatas Hasselback 136
Peras cocidas con pasas sultanas, sirope de arce y canela 187
Pimientos asados 153
Pimientos gratinados 139
Pimientos rellenos de carne picada 83
Pinchos de patatas y salchichas 24
Pizza de patata 52
Pizzas de berenjena 72
Pudin ligero de limón 169
Puffs de mermelada 195

R

Raviolis dulces con ricotta y limón 174
Rollitos de bacon y queso en pasta filo 46
Rollitos de berenjena rellenos de pizzaiola 62
Rollitos de pollo con bacon enrollado 90
Rollo de bacon, champiñones y queso fontina 39
Rosti de patata 145

S

Salmón con costra de pistachos	114
Sepia gratinada con limón	120
Sepia rellena	123

T

Tarta de manzana y yogur griego	185
Tarta de mermelada	196
Tarta dietética de manzana con claras de huevo	184
Tarta ligera de chocolate	192
Tarta salada de calabaza con mozzarella y queso parmesano	71
Tarta salada de queso	84
Tentáculos de calamar gratinados	102
Tiras de pollo con copos de maíz	73
Tomates cherry confitados	158
Tomates gratinados con hierbas	150
Tomates rellenos de huevo	41
Tortilla con flores de calabacín	88
Tortilla de brócoli	25
Tortilla de patatas	50
Tortitas con pasas sultanas	199
Triángulos de masa filo de doble chocolate	191
Triángulos de pasta filo rellenos de verduras	58
Trozos de salchicha con patatas y calabacines	95

V

Verduras en dados	128

www.ingramcontent.com/pod-product-compliance
Lightning Source LLC
LaVergne TN
LVHW070215080526
838202LV00067B/6820